语文的温度

这样教，更动人

YUWEN DEWENDU

ZHEYANG JIAO, GENG DONGREN

刘　群◎著

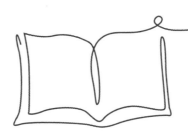

天津社会科学院出版社

图书在版编目（CIP）数据

语文的温度：这样教，更动人 / 刘群著. -- 天津：
天津社会科学院出版社，2025. 7. -- ISBN 978-7-5563
-1103-3

Ⅰ. G623.202

中国国家版本馆 CIP 数据核字第 2025P611H8 号

语文的温度 ：这样教，更动人
YUWEN DE WENDU：ZHEYANG JIAO，GENG DONGREN
责任编辑：柳　晔
装帧设计：高馨月
出版发行：天津社会科学院出版社
地　　址：天津市南开区迎水道 7 号
邮　　编：300191
电　　话：（022）23360165
印　　刷：高教社（天津）印务有限公司
开　　本：787×1000　　1/16
印　　张：15.25
字　　数：220 千字
版　　次：2025 年 7 月第 1 版　　2025 年 7 月第 1 次印刷
定　　价：78.00 元

点亮语文课堂：思维·表达·创造

　　语文课堂，是语言生长的土壤，是思维绽放的园地，更是心灵对话的桥梁。在《语文的温度：这样教，更动人》一书中，刘群老师以二十年教学实践的积淀，将语文教育的温度与深度娓娓道来。这是一部关于课堂的故事，也是一份关于教育初心的答卷。

　　书中没有华丽的辞藻，没有惊心动魄的故事，有的只是平实的叙述，是一位教师与你分享课堂中的真实体验。从青涩的新教师到沉稳的教育者，刘群老师在语文教学的道路上不断探索、反思、再实践，每一步都走得坚实又有力。

　　翻开书页，你会看到一条清晰的脉络：从低年级的识字启智，到中高年级的深读思辨；从语言与思维的协同发展，到整本书阅读的文化浸润。每一章都凝聚着刘群老师对语文教学的独特思考。她以"语言思维共融"为起点，倡导读写平衡，关注数字赋能；既扎根传统语文教学的精髓，又融入现代教育技术的活力。在革命文化主题的教学中，她以红色精神滋养学生心灵；在整本书阅读中，她带学生穿越《了不起的狐狸爸爸》的智慧丛林，探寻《不老泉》的生命哲思。这些课例不仅是教学方法的展示，更是教育情怀的抒写。

　　书中随处可见的是"真实"二字。无论是《小青蛙》字族识字的趣味探索，还是《狼牙山五壮士》英雄情怀的深沉激荡，每一个案例都源自课堂的鲜活实践。刘群老师始终相信，语文教学不是知识的单向传输过程，而是师生共同成长的旅程。她用"情境互动"唤醒学生的表达热情，以"思辨阅读"拓展思维的边界，让课堂成为学生感受语言之美、文化之韵的生命场。

她关注每一个学生的成长，尊重他们的个性差异，用耐心和爱心折射每一个心灵的微光。在她的课堂上，学生不仅是知识的接受者，更是思考与表达的主体。学生们积极参与、踊跃发言，不断碰撞出思维的火花，那是她最引以为傲的时刻。

如今，她将自己的教学体悟和深度思考，凝练在这本书中，希望能为更多的语文教师提供一些启示和帮助。对一线教师，特别是青年教师而言，这本书中可借鉴的教学实例与可操作的教学策略，既是颇具实用性的课堂教学指南，又传递了一种朴素且深刻的教育理念——语文教学的核心，在于点燃学生对语言的热爱，培养他们用文字思考、用情感表达的能力。

二十载春秋，一方讲台，刘群老师用脚步丈量教育的广度，用心灵感受语文的温度，用文字记录课堂的微光。这本书，是她对语文教学的深情告白，也是对未来教育者的诚挚邀约——愿每一位读者都能从中找到属于自己的语文之光，让课堂因思维而灵动，因表达而丰盈，因创造而永恒。

2025 年 3 月

目 录

第一章

语言思维共融，奠基成长之路

任务群阅读：积累语言，拓展思维

整本书阅读学习任务群是基于《小学语文课程标准》(2011年版)将课外阅读纳入语文课程体系这一背景提出的。《义务教育语文课程标准》(2022版)提出课程内容主要以学习任务群组织与呈现，整本书阅读作为六大任务群之一，在第三层面拓展型学习任务群中提出，既是语文教学中的难点，又是值得研究的重点。课程标准强调培养学生广泛阅读兴趣，提倡整本书阅读并实现课外阅读课程化，这为整本书阅读学习任务群的构建提供了依据和方向，旨在提升学生语文核心素养。

国家统编教材把课外阅读纳入语文课程体系，通过"快乐读书吧"这个栏目，指导学生如何阅读课外书，首次实现了课外阅读课程化。教师将整本书阅读教学引入课堂，对于提升学生语文核心素养之语言理解能力、运用能力、思维能力、初步审美能力，都是非常有益的。

整本书阅读学习任务群大致可以由四种课型组成，即导读课、共读课、交流课和延伸课。四种不同的课型承担不同的教学任务，达成不同的教学目标。下面结合教学实践分别阐述。

一、导读课，引发阅读期待

导读，即引导阅读。作为整本书阅读的起始课型，导读课是学习任务群的开端，其目的就在于引发学生的阅读期待，激发学生的阅读兴趣。让学生有兴趣翻开整本的书，有兴致阅读整本的书。

导读课上，教师可以以"预测阅读"作为教学策略，落实"激发学生阅读兴趣"这个教学目标。导读课可以大致按照这样的流程进行：一是"读书名，猜主要内容"，二是"看插图，猜故事情节"，三是"赏片断，猜故事发展（或人物特点）"，四是"了解相关信息"。当然，制订读书计划也可以渗透其中，为阅读作准备。

《小猪唏哩呼噜》是一本有趣的童话书，书中以"唏哩呼噜"为主人公，语言幽默风趣，适合低年级学生阅读。在导读课上，笔者首先让学生读读书名，猜猜这只小猪为什么叫"唏哩呼噜"，这个问题激发了学生对主人公的强烈好奇心；接下来让学生看一看书中插图，猜一猜故事内容，激发了学生进一步了解故事情节的兴趣；接下来又让学生阅读书中的精彩片断，猜一猜故事接下来会怎样发展，唏哩呼噜是一只怎样的小猪；最后引导学生关注封皮、封底、作者、序言、目录等，对作品和作者有初步的了解。学生在教师的引领下，对《小猪唏哩呼噜》这本书产生了浓厚的阅读兴趣。待到学生阅读这本书时，会不断验证自己的预测，这样就容易引起强烈的共鸣。当然，预测并不是瞎猜，教师一定要引导学生或根据插图，或根据文中暗示性的话语，或根据事物发展的一般规律，或根据生活经验等进行预测。只有这样才能引发学生的深度思考，培养学生的思维能力。

导读课既可以由教师"导读"，也可以由伙伴"荐读"。荐读，即推荐阅读，就是将自己读过的优秀书目推荐给其他同学阅读。笔者引导学生画出整本书的思维导图，运用图文并重的技巧，把整本书的主要脉络梳理出来，并推荐给周围的伙伴。这样一来，推荐的同学根据自己画出的思维导图，讲起来便有条有理；听的同学接受起来也就更加容易。在组织开展推荐阅读课时，笔者先组织小组活动，让学生在小组内进行推荐介绍。接着由各小组推荐代表在班上介绍自己喜欢的书籍，在这一过程中，笔者再次引导其他学生针对推荐内容提出自己的疑问或者感兴趣的问题，使推荐的同学语言表达更加清楚、明白。

实践证明，在导读课上运用"预测阅读"的策略，能调动学生已有的阅读经验和生活经验,引发学生深度思考,充分激发了学生的阅读兴趣。同时,也为后期持续阅读完整本书作好了铺垫。由于学生带着预测的结果去阅读,那些意料之中的欣喜,意料之外的惊喜,都会成为学生不竭的阅读动力。

二、共读课,迸发思维火花

共读课,顾名思义就是师生共同阅读。在学习任务群中,共读课是学生掌握多种阅读方法的关键阶段,但是在共同阅读的过程中,教师的指导必不可少,因此共读课也可以称作"阅读指导课"。共读课留给教师的舞台非常广阔:从教学内容上看,教师可以根据文本特点,根据学生年龄特点,选择恰当的教学内容,如指向文学的,指向策略的,指向语言习得的等内容都可以。在教学时间上,共读课可以从不同角度,分多课时进行,不同课时落实不同的教学目标。在教授阅读方法上,除了教会学生精读、略读、默读、速读、浏览、跳读、尾读、批注等方法,还可以教授学生图像化阅读法、移情阅读法、比较阅读法等阅读方法。

(一)图像化阅读法

图像化阅读法更适用于低、中年级的学生。如阅读童话故事、神话故事等书籍时可以把文字变成图像。教师引导学生边读文字边想象画面,这样便于学生把握故事情节,理解故事内容。在二年级《没头脑和不高兴》一书的共读课上,笔者引导学生一边阅读片断,一边想象孩子们背着铺盖、带着干粮,爬上999层没有电梯的高楼时的画面。再让学生把头脑中的画面勾画出来讲一讲。最后播放美术片《没头脑和不高兴》的片断,让学生欣赏。读是输入,这是将语言文字变成画面的过程。一个头脑中有画面,画面中有色彩、有声音、有味道、有情感的孩子,才能在输出的时候,也就是表达的时候,将头脑中的画面变成语言文字。因此,教师培养学生透过文字想象画面的能力是非常重要的。

(二)移情阅读法

移情阅读法更适用于中、高年级的学生。教学中,教师引导学生把自己想象成文中的某个人物，读者与故事人物你中有我、我中有你，这样更容易走进人物的内心世界，透过细节把握人物形象。这很符合王国维的观点，即"以我观物说"。《不老泉》这本小说探讨的是一个永恒的话题——生命。奇幻而发人深省的故事内容能给学生带来强烈的震撼，非常适合高年级学生阅读，是对学生进行"生命教育"的很好教材。但即使对于高年级学生而言，"生与死"也仿佛是言之尚早的一个话题，如何让学生体会长生不老的塔克一家的孤独痛苦，体会温妮作为一个平凡人的幸福的确有些困难。这时，移情阅读就要大显神威了。刚开始阅读这本书时，学生们都盼望自己也能喝上一口"不老泉"的泉水，永远长生不老。随着阅读的深入，笔者让学生把自己当成文中的杰西，想一想如果你不能去上学，不能交朋友，只能在陌生的环境里生活，你会有什么感受？你愿意长生不老，永远这样生活吗？此时，大多数学生都认为塔克一家的生活十分痛苦，温妮没有喝下"不老泉"的泉水是正确的决定。

（三）比较阅读法

比较阅读，我们并不陌生。在日常的阅读课教学中，我们几乎都使用过比较阅读的方法。单篇课文阅读教学中通过比较不同语句、语段的写法，单元群组多篇课文通过比较阅读，来体会语言表达的特点。整本书的比较阅读更适用于阅读外国翻译作品，可以是同一作者的不同作品或同一题材的不同作家的作品。在学习了四年级上册《卡罗纳》一课后，笔者推荐学生阅读《爱的教育》一书。这本书的作者是意大利的作家亚米契斯，学生阅读的是译成中文后的版本。笔者发现不同的译者，语言表达不同。尤其是夏丏尊先生的译本，他所处的时代正是新文化运动兴起之时，因此语言表达具有时代的特点。因此，笔者选取这一教学内容进行教学，在教学中通过让学生对比不同译者（夏丏尊、刘月樵、王干卿）对同一情节的描写，从而让学生体会不同译者在语言表达风格上的特点，初步感悟在阅读外国翻译的作品时，我们应在了解作者和作品的基础上，更要了解译者，再选择自己喜欢的，能感动自己的，语言表达更适合自己阅读的版本进行阅读。

共读课，可能是教师引领学生在原有道路上越走越深的过程，也可能是另辟蹊径的过程。通过共读，学生掌握了多种阅读方法，尝试多元化阅读、多角度思考。久而久之，学生的思维能力会大大提升，看待问题定会越来越客观全面。

三、交流课，分享阅读快乐

交流分享课是在学生阅读完一本书之后进行的，是整本书阅读学习任务群中构建学生交流平台的重要课型。课上教师引领学生对整本书进行全面回顾、总结和提升。学生可以根据自己喜欢的形式汇报自己阅读的收获，与同学、老师分享阅读的快乐。读了故事书可以召开故事会；读了诗集、散文集可以召开朗诵会，也可以组织学生交流自己阅读的收获、感悟和困惑，或对书中的人物进行评点，还可以把读过的内容，自编成小品、课本剧等形式进行表演。分享课的教学目标应定位在引导学生体会并分享自己的阅读快乐上。

在二年级《了不起的狐狸爸爸》的读书分享课上，笔者带领学生举办了一次故事会。运用语文课上学习的讲故事的方法，或看插图讲故事，或抓住关键词讲故事，或按照表格讲故事……在《爱的教育》读书分享课上，笔者引导学生交流：这本书中出现了许多跟你们年纪相仿的孩子，他们身上都有许多值得我们学习的优秀品质。如果让你把他们的名字送给身边的同学，你想把哪个名字送给谁，并说出理由。这个问题一下子把他们从书中拉到了现实的生活，这个贴近生活的话题激起了他们交流的欲望。学生们有的把"卡隆"这个名字送给班里助人为乐的同学，有的把"德罗西"这个名字送给学习刻苦、成绩优异的同学，还有的把"斯代蒂"这个名字送给爱读课外书的同学……

在一节节分享课上，学生滔滔不绝地讲述，兴致高涨地交流，面红耳赤地争论，体会着阅读给自己的童年生活带来的快乐。

四、延伸课，扩大阅读面、增加阅读量、养成阅读习惯

延伸是指在宽度、大小、范围上向外延长、伸展。延伸课是整本书阅读学习任务群在阅读广度上的拓展。"扩大阅读面、增加阅读量、养成阅读习惯"是整本书阅读教学的最终目标，而整本书阅读的延伸课就承担着这样的教学任务。在延伸课上，教师可以引导学生继续阅读同一题材的作品，同一作家的不同作品，古今中外的相关作品，将整本书的阅读引向"群书阅读"。

在《没头脑和不高兴》的延伸课上，笔者引导学生关注作家任溶溶老爷爷的其他作品。在随后的这个学期里，将近一半的学生又阅读了任溶溶老爷爷的《大大大和小小小历险记》《土土的故事》《小锡兵的故事》和《爸爸的老师》这四本书。阅读能力稍弱的同学也基本能完成其中两本书的阅读。

整本书阅读学习任务群通过导读课激发兴趣，共读课掌握方法，交流课分享收获，延伸课拓展阅读范围，四种课型有机结合，形成一个完整的阅读学习过程。在这个过程中，学生的语文核心素养在各个阶段都得到相应的培养和提升，从最初的兴趣激发到阅读方法掌握，再到阅读收获分享和阅读范围拓展，全面实现了整本书阅读学习任务群的教学目标，促进学生在阅读中不断成长，享受美好的阅读人生。

读写平衡：协同发展语言与思维

近年来,读写结合的教学模式在小学语文阅读课程的教学之中愈加得到重视和普及,越来越多的小学语文教师认识到读写结合教学的价值和意义。统编教材在编排上注重整体性,单元语文要素中阅读要素与习作要素目标指向明确且一致。就各单元的编排来讲,无论是精读课、略读课、口语交际和习作课,还是语文园地的各板块设计都紧紧围绕着读与写的目标要素展开。《义务教育语文课程标准（2022年版）》正式颁布,新课标强调语言与思维的共同发展,以一系列相关的学习任务组成大任务群,体现了情境性、综合性以及实践性的特点。

基于对全语言学习理论的认识,笔者认为语言的学习应是完整的,不可被划分或割裂成内容或技巧的零散部分。语言的学习应在完整的情景、真实的言语实践中,在完整的语言观统领下,通过整合的语言学习逐渐建构起来。因此,读写教学仍然是阅读教学中的重点,是培养学生语文核心素养的基点。

一、读写教学存在的问题

以往,我们的教学重点倾向于对写作技能技巧进行单点渗透,同时在读写过程中侧重内容的叠加;如今,教学更关注阅读与写作的深度融合,强调读写方法的整体运用。然而,在课堂教学中还存在着诸多问题。

（一）读写教学流于形式

阅读和写作是一个关系密切、不可分割的互动整体，紧紧抓住二者的内在联系，才能达到相互促进、共同发展的效果。但在课堂教学中，还是经常可以见到为了写而写的现象：如生硬地挖掘读写训练点，或是让学生随意书写自己的感受、启发。教师忽视了教材编者的意图，忽略了学生的实际需求，导致整体教学变得碎片化、零散化。

（二）读写教学机械模仿

从说到写的过程中，学生常常面临组织语言的难题，而模仿是解决这一难题行之有效的方法。从读中模仿写，可以降低写的难度。由模仿到独立再到创造，就是一个语言能力不断升级的过程。起步阶段，仿写必不可少，但模仿不能僵化。读和写，一个是输入，一个是输出，二者都离不开体验和思考。如果学生在写作时脱离了思维的过程，只是一味地抄袭和套用，那么仿写就失去了其发展语言能力的价值了。

（三）读写教学忽视过程

读和写并不是简单的阅读和写作，它是一个复杂的思维过程，包括理解、鉴赏、评价、思考、概括、分析、想象、关联等。一次行之有效的读写活动，能够对学生的理解能力、语言表达和运用能力、思维能力和审美能力，开展全方位锻炼。如果教学中我们只关注读和写的结果，不注重学生的思维过程，那么读写训练就是水过地皮湿，没有真实效果。

（四）读写教学缺乏语境

语境是语用的核心，离开了语境，语用就会失去它的意义和价值。读与写脱离了语境，学生的一切言语实践活动就犹如空中楼阁，显得虚无缥缈。由此可见，教学中教师应创设真实的情境，引导学生进行言语实践活动，这样才有利于学生真实践、真表达、真提高。

二、"读写平衡"理念的认识

（一）"读写平衡"的概念

基于上述分析，笔者认为"读写平衡"，不是简单地将阅读教学和习作教学进行整合，也不是在课堂教学中将读和写的比重均衡分配，而是在大任务驱动下，引领学生进行真实言语实践的过程。

1. 理念的确立

语文学习中，听、说、读、写的发展是不可分割的，是具有整体性的。每一项语文实践活动，都不是单纯的听、说、读、写，而是各要素相互交织、彼此渗透。其中，读和写在学生的学习过程中相互融合、不可分割，可以说读中有写，写中有读。

2. 目标的调试

就读写平衡来说，读和写都是围绕着鲜明的统一教学目标进行，为落实某一语文要素展开。因此，读加写并非二元对立，而是有机统一的整体。读与写都应该目标明确，指向一致，教师为学生搭设学习平台，在任务驱动下，引导学生主动探索、积极实践，发展语言能力。

3. 学生的发展

学生的读写能力应同步发展，现实中，学生阅读的能力普遍高于写作能力，呈现失衡的发展态势。虽然作为输入的读和作为输出的写是反向的心理活动，但在思维层面紧密相连。在教学中，教师若能将读写活动进行系统整合，就能实现二者的有机融合，就能发挥读写相互促进的作用，推动学生读写能力实现良性发展。

（二）"读写平衡"的内涵

对于"读写平衡"的内涵，可以从目标、内容、思维、活动这几个方面做如下解读：

1.同向性的发展目标

"读写平衡"着重强调读写目标指向的一致。阅读旨在培育学生理解、感悟、评价、鉴赏的能力，本质上是知识内化的过程。但学生是否真正理解文本、到何种程度，需要通过表达输出予以检验。由此可见，阅读与表达在目标指向必须契合统一，只有这样，教师才能依据学生的表达输出，判断学生的阅读效果，从而针对性地调整教学策略，进一步提升教学质量。

2.统整性的学习内容

"读写平衡"强调内容的一致。这一原则同样适用语文教学中听、说、读、写。课文文本作为教学的核心素材，它承载了学生阅读与写作能力的同向提升。因此在内容的选择上要同步一致，才能促使读和写能力的同向发展，建立思维关联。因此，围绕同一内容开展听、说、读、写活动，是实现这些教学环节有机统整、深度融合的有效途径，有助于全面提升学生的语文综合素养。

3. 关联性的思维活动

"读写平衡"强调思维的培养。阅读是输入，表达是输出，二者的路径、思维活动均不同，但可建立方法和策略上的关联，以此实现从读学写。读写平衡就是要把学生读与写的活动在思维层面建立紧密关联。阅读是学生对文本情感和认知的内化过程，而表达就是学生阅读后所产生的认知和情感的双重外显反应，这一内一外的过程，让阅读和写作在学生心理认知上建立起关联。因此，教师在教学中应抓住这一关联对学生的思维能力展开系统性培养。

4.真实性的活动任务

"读写平衡"强调活动的任务。建构"学为中心"的课堂，就要把阅读与写作有机统整、深度融合于一个具体真实的活动任务中，当这个活动任务和语境是贴近真实生活，学生便会在真实的任务中开展言语实践，最终能顺利达成目标，发展读写能力。

三、"读写平衡"教学的实践

下面以六年级上册《狼牙山五壮士》一课为例，浅析设计与实施趋于读写平衡价值取向的阅读教学。

（一）以读写平衡为目标取向，树立大任务观

读写平衡为目标取向的阅读课教学，需要教师着眼于全局，从整体出发，综合考虑大单元的目标要求，将读和写融合成一个整体进行教学。在大任务的统领下，通过一个个具体化、可实现的小任务驱动，借助教师提供的支架，学生在活动中开展言语实践，从而使语言能力得到发展。

《狼牙山五壮士》一课是六年级上册第二单元的第二篇课文。本单元的语文要素是要求学生既要了解文章是怎样点面结合写场面的，又要尝试运用点面结合的写法记一次活动。由此可见本单元的读和写的教学目标都围绕了点面结合描写场面展开。教学中，笔者以召开五壮士英雄事迹展作为本课的大任务背景。先出示"接受任务、痛击敌人、引上绝路、顶峰歼敌、英勇跳崖"五个场面的情节图，让学生对照课文内容概括小标题，梳理文章脉络。接下来，让学生讨论再补充哪几幅情节图能更好地完成五壮士英雄事迹图册；然后再对情节图进行筛选，让学生体会点面结合的表达效果；最后再引导学生运用点面结合的手法为图册补充五壮士英勇跳崖后，百姓和战士们的反应场景。整节课的读写活动都统整在"召开五壮士英雄事迹展"这一大任务中，在整体中进行读写实践活动。

（二）以自主学习为实践路径，追求真实学习

自主学习可以切实发挥学生的主体作用，使他们学会独立思考、自主分析问题，从而提高学习效益，并在此过程中发展思维能力，不断提升学习能力。换句话说，引导学生自主学习，才是真学习、真实践、真积累。以读写平衡为目标取向的阅读课教学突出一个"真"字，教师创设真实语境，给学生布置真实的任务，引导学生开展真实的言语实践，使学生的语言得到真实的发展。

在教学中，笔者通过下面几个问题引导学生自主学习：在引导学生体会五

壮士的英雄气概和点面结合的表达效果时，每个小组各选择一个场面探究下面的问题——为了更好地完成五壮士英雄事迹图册，还可以补充哪些情节图，并说出理由。在小组合作学习中，通过对这个问题的探究，学生分部分地细读课文，品味语言，自然而然地聚焦在英雄的动作、语言、神态的描写，体会五壮士的英雄气概；再通过学生对各部分内容情节图的补充，引导学生发现，课文每个部分都是既有五壮士作为一个战斗整体的描写，又有个体的描写，从而体会点面结合的表达效果。学生在自主学习的过程中，始终聚焦在语言文字的品读方面，在个体的思考分析与群体的交流分享中发展了思维能力和语言实践能力，课堂真正体现了先学后教，顺学而导的教学过程。

（三）以积累内化为阅读任务，丰富言语经验

吴忠豪教授曾提到"积累语言经验"是小学最重要、最基础的任务。因为语言是思维的工具，儿童阶段最大限度地积累语言可以为语文综合能力的提升奠定基础，为思维能力的发展提供保障。而学生只有进行大量的言语实践，才能不断丰富自己的语言积累。就阅读课堂教学来说，每节课的任务都应是引导学生积累语言经验，那么阅读教学目标就应该直指读写实践，丰富学生的言语经验。

在《狼牙山五壮士》一课教学最后阶段，笔者引领学生尝试迁移运用。让学生运用点面结合的描写方法，既可以写出人物群体的表现，又能抓住重点人物的言行神态，写一写当百姓和连队主力得知五壮士英勇跳崖后的反应场面。

在前面小组汇报交流环节中，笔者播放与文本内容相对应的影音资料，让学生直观感受五壮士的英雄气概。为了将革命文化的教育深入人心，作为旁观者的心态，在这一环节中笔者引导学生回顾第一课时学生搜集的相关资料，借助资料让学生了解当时的社会背景，并想象五壮士跳崖后，百姓和战士的反应表现。激发学生的表达欲望和需求，使其能够自然表达。

总之，语文教学的根本任务是涵育语文核心素养，这一总目标应在引导学生学习、积累和运用语言文字的过程中实现。而学生对语言的学习、积累、自主运用的过程，一定是读写行为交汇其中的过程。

第三节

革命文化教学：红色思维的培育

习近平总书记指出："一个有希望的民族不能没有英雄，一个有前途的国家不能没有先锋。"一百年来，中国共产党团结带领人民前赴后继、英勇奋战，涌现出了一大批视死如归的革命烈士、一大批顽强奋斗的英雄人物。《义务教育语文课程标准（2022年版）》在课程内容中提到学习革命英雄和劳动模范的事迹，尝试用多种媒介方式记录、展示、讲述他们的故事，表达自己的崇敬之情。在统编小学语文教材中，革命文化题材的课文占比较重，旨在引导学生在语文学习的过程中培养对党和国家的朴素情感，增强民族自豪感，将红色基因（中国共产党的革命精神）代代相传。

在语文学习的过程中，教师要着力引导学生崇尚英雄、学习英雄，培养对党和国家的朴素情感，增强民族自豪感，将红色基因代代相传。教学中，笔者通过引导学生梳理探究语言文字，开展合作交流的自主实践，进行个体创造性的表达与鉴赏，让学生在运用语言文字的实践活动中，将红色基因传承下去。

接下来，就以小学语文统编教科书六年级上册《狼牙山五壮士》一课为例具体阐述。本课是六年级上册第二单元的首篇记叙文，单元语文要素是了解文章是怎样点面结合写场面的，并尝试运用点面结合的写法记一次活动。由于文本具有一定的年代感，与当代学生的生活实际有着一定距离，要想让学生从内心深处崇敬英雄、学习英雄还是有一定难度的。因此，本课教学围绕目标，通过了"走近革命英雄""走进英雄内心""颂扬英雄气概"三个系列实践活动，将红色基因根植于学生内心。

一、在语言文字的梳理探究活动中，走近革命英雄

新课标提出学习革命英雄和劳动模范的事迹，目的在于引导青少年时刻缅怀英雄、牢记英雄，学习英雄的革命精神。在阅读与鉴赏的实践活动中，引导学生梳理概括，有利于整体感知课文主要内容，初步了解人物的英雄事迹，为后续"探究"人物形象打好基础。

表 1-1　实践活动：走近革命英雄——梳理五壮士的英雄路

活动目标	活动实施过程	活动效果
梳理概括课文主要内容，了解五壮士的英雄事迹，缅怀革命先烈	①聚焦段落 ②提取信息 ③概括整合	厘清语言的层次与逻辑关系，实现了思维的可视化。同时，将五壮士的英雄事迹铭记于心

（一）学习活动的设计理念

为了达成梳理与概括课文的主要内容，了解五壮士的英雄事迹，缅怀革命先烈的活动目标，笔者引导学生通过"聚焦段落""提取信息""概括整合"三次渐进性的阅读实践，实现思维的可视化，从而有效帮助学生厘清语言的层次与逻辑关系，使学生走近英雄，将五壮士的英雄事迹铭记于心。

（二）学习活动的具体实施

借助语文书后练习，将"概括小标题，梳理文章主要内容"这一练习转化为"梳理五壮士的英雄路"的语用实践活动。笔者使用人教数字教材的聚焦功能，使学生的思维由课文整体快速聚焦到段落局部中。如在概括"诱敌上山"这个小标题的过程中，引导学生勾画出段落中的每一个句子；接下来用一两个关键词概括句子的内容；最后再将所有句子的内容进行整合与概括。通过勾画，学生发现这个自然段第一句话写了五壮士引敌上山，第二句话写了他们痛打敌人，后面的句子分别描写每一个人是如何痛击敌人的。通过整合概括，学生一致认为这部分内容的小标题可以概括为"诱敌上山"。五位壮士通过痛打敌人的方式，吸引敌人的火力，将大批的敌人引上狼牙山。通过提取、分析、比较、归纳等认

知活动，引导学生在梳理语言的过程中聚焦关键句段，提取关键信息，概括整合内容，实现思维的可视化，同时也使学生走近英雄，了解英雄事迹。

运用这样的方法梳理概括每个部分的内容，再将每部分内容串联起来，五壮士的英雄之路清晰可见（接受任务——诱敌上山——引上绝路——顶峰歼敌——英勇跳崖），他们勇敢无畏，接受任务；有勇有谋，诱敌上山；果断坚定，将敌人引上绝路；顽强拼搏，在狼牙山顶峰歼敌；最终英勇跳崖。英雄的事迹深入学生内心，对先烈的怀念之情必油然而生。

（三）学习活动的效果

为了落实"了解五壮士的英雄事迹，走近革命英雄"的育人目标，我借助书后练习题，引导学生将课文各部分内容概括成小标题，来梳理文章的脉络，了解五壮士的英雄路。课上，更是借助数字教材的聚焦功能，聚焦课文段落，使学生的思维专注于小标题的推导和概括，引导学生利用数字教材批注功能勾画句子，将"提取关键词""将内容进行整合"等思维活动的成果在屏幕上直观呈现了出来。运用这样的方法，梳理概括各部分的内容，并串联成"事情发展脉络图"，五壮士的英雄之路便清晰可见，英雄事迹也深入学生内心。

二、在合作交流的自主实践活动中，走进英雄内心

习近平在国家勋章和国家荣誉称号颁授仪式上提出："崇尚英雄才会产生英雄，争做英雄才能英雄辈出。"让英雄的形象深深烙印在学生的心灵深处才能让他们崇敬英雄，向往成为英雄。革命题材文章表达方法的使用必然服务于英雄形象的塑造。在阅读过程中，边读边思可以帮助学生分析、评估，培养更高层次的思维能力，从而深刻体会人物形象。为了帮助学生由浅入深体会五壮士的英雄气概，我设计了如下实践活动："走进英雄内心——体会表达效果，感悟英雄形象。"

表1-2　实践活动：走进英雄内心——体会表达效果，感悟英雄形象

活动目标	活动实施过程	活动效果
体会点面结合写场面的表达效果，感受五壮士热爱祖国、英勇无畏的英雄气概，激发对革命先烈的崇敬之情	①品味语言文字，感受英雄形象 ②体会表达效果，探究英雄内心	思维过程不断走向深入，对五壮士英雄气概的认识逐步加深

1.学习活动的设计理念。

该学习活动旨在引导学生体会表达效果，感悟英雄形象。通过"品味语言文字，感受英雄形象"和"体会表达效果，探究英雄内心"两个回合的教学，引导学生体会点面结合写场面的表达效果，感受五壮士热爱祖国、英勇无畏的英雄气概，使学生的思维活动不断走向深入，对五壮士英雄气概的认识逐步得到加深，进而引发学生对革命先烈的崇敬之情。

2.学习活动的具体实施。

第一层次：品味语言文字，感受英雄形象

引导学生在小组中合作学习，借助下面的作业纸共同梳理每个部分中动人的情节及难忘的英雄。并借助数字技术将学生梳理的成果展示出来，让学生进行深入交流。

难忘的时刻	
动人的情节	
英雄们的表现	
感受与思考	

图 1-1

难忘的英雄	
英雄的名字	
他的英勇表现	
感受与思考	

图 1-2

视觉和听觉的共同参与促进了学生语言和思维的碰撞，加深了学生对人物语言、动作、神态描写的深刻体会，如"宋学义扔手榴弹把胳膊抡一个圈；两位小战士脸绷得紧紧的，全神贯注地射击"，学生抓住宋学义的动作、两位小战士

的神态，在联想与想象的思维活动中体会英雄对敌人的愤恨，奋勇杀敌的决心，再通过朗读将自己的感受理解表达出来。

第二层次：体会表达效果，探究英雄内心

以课文第二部分"诱敌上山"内容为例，引导学生自主勾画描写五壮士的语句，然后将句子进行分类。通过分类，引导学生发现段落的前几句话是描写五位壮士群体的，后面的句子则是描写每位战士的，从而学习点面结合的表达方法。

接下来让学生带着前期梳理出的"动人的情节"及"难忘的英雄"的描写，回归到课文整体，通过对故事发展脉络的横向比较，引导学生发现每个部分都是先刻画整体形象，后重点描写某个人物，描写最多的是班长马宝玉，进而思考作者这样处理的原因。随后引导学生深入探究英雄的内心活动，特别是班长马宝玉带头走向棋盘陀，在狼牙山顶峰用石头砸向敌人，跳崖前砸毁枪支时内心的想法，体会英雄为了祖国和人民顽强拼搏、不怕牺牲，英雄形象深入人心，引人崇敬。学生走入英雄的内心世界，再次朗读能更深刻地体会英雄的革命精神。

3. 学习活动的效果。

为落实"了解点面结合的手法，感受五壮士英雄气概"的育人目标，我以表格为支架，引导学生梳理各部分中点的描写和面的描写，抓住人物的语言、动作、神态，体会五壮士有勇有谋、英勇无畏、顽强不屈、视死如归的革命精神。通过对"诱敌上山""引上绝路""顶峰歼敌""英勇跳崖"四部分内容的横向比较，引导学生发现为了凸显敌人步步紧逼，留给五位壮士的时间越来越少这一紧迫情势，作者就抓住了班长马宝玉这一代表性的点来进行具体刻画，这样不仅突出了情势险峻，更能彰显五壮士视死如归的精神。学生在"圈画—分类—分析—比较"等一系列思维活动中进行言语实践，思想认识不断走向深入，英雄顽强不屈、甘愿牺牲的形象深入人心，令人崇敬。

三、在个体创造性的表达与鉴赏中，颂扬英雄气概

新课标多次强调要阅读革命文学作品，讲述革命英雄故事。英雄的事迹在不断讲述中，才得以铭记；革命精神在大力弘扬中，才得以传承。教学中，笔者利用数字工具和技术为学生提供丰富的学习资源，创设开放的交流平台，帮助学生展开多元联想、想象，加深对英雄事迹的理解感受，表达对英雄的无限情感，进而使红色血脉薪火相传。

表1-3　实践活动：颂扬英雄气概——自主倾诉，抒发情感

活动目标	活动实施过程	活动效果
尝试运用点面结合写场面的方法，表达出对英雄的崇敬之情，激发学生弘扬革命精神的愿望	①讲一讲 ②写一写	想象场面，抓住英雄言行神貌的描写，写出了英雄顽强勇敢、视死如归的精神

1.学习活动的设计理念。

学习语言的目的是运用语言，载体是言语实践活动。课堂上，通过"讲一讲""写一写"两个言语实践活动，引导学生尝试运用点面结合写场面的方法，刻画英雄的言行神貌，突出英雄顽强勇敢、视死如归的精神，以表达对英雄的崇敬之情，进而激发学生弘扬革命精神的愿望。

2.学习活动的具体实施。

在《狼牙山五壮士》一课教学的最后，笔者通过两个言语实践活动来引导学生运用语言。一是讲一讲。书后第一个问题提示学生"根据课文内容，讲讲这个故事"。在学习了点面结合的表达方法之后，让学生从五部分内容中任选一部分，运用点面结合的表达方法，讲一讲这部分的内容。二是写一写——如果我们要请雕塑家为五壮士铸造雕像，请你写一段话，用上点面结合的表达方法，告诉雕塑家应该怎样去雕塑。

在学生讲故事和写故事的过程中，笔者相机出示"狼牙山五壮士"连环画图片以及电影视频片段，引导学生整体观察，拓宽思路。如"引上绝路、顶峰歼

敌、英勇跳崖"这几部分内容中点的描写是以班长马宝玉作为代表进行刻画的,学生通过观察图片、观看影片片段,展开想象,在讲解这几部分内容的过程中,还可以选择其他的点来讲述,比如讲讲副班长葛振林或最年轻的小战士的表现。教学中,还可以引导学生具体观察教材插图中五位壮士的衣服已被树枝、石块刮破撕烂,站在最前面的战士手里拿着枪,手臂上青筋暴起,有的战士眼角已经淤青,还有的战士脸上、身上结着血痂,头上的绷带已被鲜血染红等细节,给学生带来启发。学生还可以选择或想象不同的场面进行描述,如可以是引敌上山的场面、可以是作战场面还可以是跳崖前的场面等。

学生在表达的过程中,既可以抓住五壮士整体的表现,又可以对每一个人物的动作、神态等进行具体描写。通过想象联想,学生在语言运用的过程中,加深对人物形象的感受理解,激发对英雄的崇敬之情,愿意自觉主动地弘扬革命精神。

3. 学习活动的效果。

为落实"运用所学方法,颂扬英雄精神"的育人目标,我注重引导学生进行语言运用的反复实践,设计了讲故事和写故事两个学习活动。其一,教师相机出示"狼牙山五壮士"连环画图片以及影视片段,引导学生入情入境,边看边想象。再讲解"引上绝路、顶峰歼敌、英勇跳崖"等故事情节时,学生便能自觉迁移聚焦"马宝玉一'点'"的描写方法,去选择其他有代表性的"点"来讲述。其二,教师布置以书面方式向雕塑家介绍塑像要求,提示学生既可以抓住五壮士整体的表现,又可以对某一位英雄的动作、神态等进行具体描述。

三个语文实践活动环环相扣、层层深入,引导学生从"走近革命英雄",即了解五壮士的英雄事迹;到"走进英雄的内心",即感悟英雄人物形象;再到"颂扬英雄气概",即讲述英雄故事,抒发内心情感,弘扬革命精神。使学生逐步加深对人物形象的感受理解,激发对英雄的崇敬之情,愿意自觉主动地弘扬革命精神。就这样,学生在语言运用的过程中,加深对英雄形象的感受理解这一目标,也在这"塑造——弘扬"的过程中,得以实现。

第四节

数字赋能：阅读理解与思维外显

《义务教育语文课程标准（2022年版）》要求"增强课程实施的情境性和实践性，促进学习方式变革"，实现"学为中心"的"自主、合作、探究学习"。教师要想实现教学的转型，就必须要以思维为内核。

思维外显就是学生在学习的过程中，将不可视的思维过程运用多种途径呈现出来，让他人可以看得见。在课堂教学过程中，通过思维外显的方式帮助学生将内隐性、抽象性的知识外显化，将不可见的思维过程可视化，可有效促进学生持续性深度学习过程，进一步培养学生的思维能力，提高学生对语言文字的理解能力，进而为学生语文核心素养的发展奠定良好基础。

《王戎不取道旁李》是四年级上册第八单元的首篇课文，单元语文阅读要素是了解故事情节，简要复述课文。说明本课的教学目标就是要指导学生在理解文言文的基础上了解人物并复述故事内容，最终指向阅读与表达。四年级学生已有一年的学习文言文的经验，积累了一定的朗读、理解经验，本单元重点是练习简要复述，这是承接三年级学习过的复述，也为五年级学习创造性复述作准备。对于本单元来讲，这则文言文是首篇，学生读懂故事内容，能把故事讲清楚，把道理悟明白，也为后续学习简要复述打好了基础。讲清楚的前提是想清楚，因此，本节课的教学重点是激发学生自主学习，让学生的思维过程得以凸显，真正实现学生的语言与思维同向发展。基于上述分析，笔者将教学目标定为：一是读。能正确、流利地朗读课文并背诵课文；二是讲。能结合注释理解课文内容，并用自己的话讲述故事；三是悟。能理解树在道边而多子，此必苦李的原因。教学中,笔者通过以下三个学习活动引导学生主动参与学习过程,让学生的思维过程得以再现。

一、读——激发思维外显的动机

(一)任务驱动,初步理解内容

学习文言文,读好是基础。在三年级的学习中,学生对如何读好文言文已经有了一定的感悟。读好文言文的前提是理解,为了通过学生自主学习达成"能正确、流利地朗读课文"这一教学目标,笔者与学生相互转换了角色,让学生指导教师去朗读。

首先,笔者引导学生在小组中商讨应该怎样指导老师朗读,哪个字的读音需要注意,句中词与词之间的语义停顿是怎样的,并在书中标画出来。在这样的任务驱动下,学生必然会调动前经验,运用之前积累的方法,先结合注释、插图以及联系生活实际等理解文章内容,再根据语义读准字音,读好句中停顿,实现在理解的基础上进行朗读。

(二)数字平台支持,呈现思维过程

数字环境的支持可以帮助学生呈现思维过程,有利于师生和生生的相互交流。在学生交流汇报时,教师可以借助"人教智慧教学平台"的数字教材,引导学生利用批注功能在文本上标画句中词与词之间的停顿,教师再根据学生的"指导"进行朗读,还可以请学生进行范读,师生一起评价。有些难读的句子,教师可以引导学生说清楚思维过程。如,"看道边李树多子折枝","折"是个多音字,老师应该怎样读? 这句话老师怎样读好停顿? 为什么? 这些问题让学生明白这里的"折枝"是指树枝被压弯了,因此"折"应读"zhé",语意停顿"看道边李树 / 多子折枝"。引导学生说清楚为什么这样"指导"老师朗读很重要,这是考查学生是否理解文章内容的关键,是学生思维过程的再现。

在引导学生读好文言文的环节中,笔者将自己的角色转变为一个学习者,让

学生成为知识的创造者和传播者。这一转变极大地激发了学生的主动性和探究精神。同时，得益于数字教材的生动呈现和工具的有效使用，生生之间的互动也变得更加直观可视化。

二、讲——突破思维外显的障碍

到目前为止，学生已经学习了四篇文言文，其中《司马光》《精卫填海》《王戎不取道旁李》三篇书后练习均要求学生"用自己的话讲讲这个故事"。这一要求不仅出现在已学课文中，也将在五六年级即将学习的文言文中继续延续。由此可见，能用自己的话讲好文言文故事，是检验学生是否读懂故事内容的重要标准，也是学生进行语言创造、锻炼思维能力和提升表达能力的有效途径。

（一）调动学习经验，提供支架帮助，自主讲好故事

为了落实"能结合注释理解课文内容，并用自己的话讲述故事"这一教学目标，笔者引导学生先在小组里讲一讲这个故事，讨论怎样讲别人才会喜欢听，如何突出故事中人物的特点。由于学生在第四单元《精卫填海》一课学习时尝试了讲故事，并且想象了女娃游于东海、化作精卫、衔木石填海的场景，把精卫是怎么想的、怎么做的讲清楚，使这个故事充满了神奇色彩。在讲《王戎不取道旁李》的故事时，有的学生可能会想象人物的语言、动作、神态等，揣摩人物的内心。如：众孩童见到"李树多子折枝"，会有怎样的对话？"竞走取之"是怎样取的？见王戎"不动"，又会怎样追问？王戎会想些什么？引导学生把这些内容添加到故事的讲述中。如果学生在讲故事的过程中遇到困难，教师可以给学生播放"人教智慧教学平台"的数字教材的情景视频，利用定格、放大等功能，引导学生观察多子折枝的李树是什么样子的，诸儿摘取李子时的动作、神态，想象他们当时在说什么等。

（二）透过语言表达，适时给予点播，促进思维外显化

在汇报环节，教师可以通过提问来引导听故事的学生进行思考，如"你最喜欢他讲的哪个情节，为什么？""你有什么好的建议给他？"对于讲故事的同学教师同样可以通过问题引导阐述自己的思维过程，如"某个情节你为什么这样讲？"通过这样的问题引领，无论是听故事还是讲故事的学生，都能保持思维的活跃，全神贯注地投入到学习活动中来。

在学生讲述的过程中，教师要随时观察学生的学习过程，关注学习成果。学生要把故事讲清楚，必然要深入理解故事内容，自然而然就会关注到词语的古今异义，比如三个"之"字的不同含义等，这时教师要有意识地进行点播。

语言是思维外显的重要工具，在引导学生讲好故事的学习活动中，让学生成为学习的主体，通过表达外显思维活动，引导生生之间相互启发，从而达成教学目标。

三、悟——提升思维外显的效度

"读书百遍，而义自见。"在读懂故事、会讲故事的基础上，还要引导学生体会王戎善于观察、勤于思考的形象特点，落实"能理解树在道边而多子，此必苦李的原因"这一教学目标。

在感悟故事道理，体会人物形象这一环节中，笔者以问题思辨为切入点：你觉得下面两种说法，哪个更有道理呢？说说理由。

一是"你要知道梨子的滋味，就必须亲口尝一尝。"这是毛主席曾说过的话，如此通俗直白的语言，揭示了"实践出真知"的伟大真理。

二是我们今天读的故事中，小王戎并没有亲口尝一尝李子，却知道了"道边苦李"的意义。

引导学生关注两种说法的矛盾，启迪学生的思辨思维。学生认为哪种说法合理都是可以的，关键是能在思辨的过程中体会"实践出真知"的道理，感受王

戎善于思考并能进行推理判断的形象特点。

"阅读是激发，而不是说服。思辨性阅读与表达"的内涵就是激活思维、辩证思考。思辨始于质疑，又回归于反思，是一个循环往复的过程。教学中，笔者引导学生在这一思辨活动中，通过阅读、比较、推断、质疑、讨论等方式，体会王戎"观察—思考—分析—推断"这一思维过程，感受人物善于思考的特点，并愿意学习他这种善于观察分析的精神。在此过程中，学生始终保持好奇心和求知欲，逐步养成勤学好问的习惯。这样的思辨性学习活动，对培养理性思维和理性精神具有重要意义。

在本课的教学中，笔者重点引导学生进行分享式学习。从读到讲再到悟，都是学生在小组中、班级中自主合作探究式地学习。分享式学习可以让学生的思维外显。在与同伴、全班的交流中，学生不断完善个人思考：当遇到表述不清、理解模糊之处，同学间会相互补充、启发，从而理顺思路，有效提升思维能力。另外，数字环境为学生思维外显化提供了重要技术支持，它将抽象的思维过程转化为可视化，帮助学生更好地理解和分析文本，提高阅读理解能力，使分享式学习取得更优成效。

第五节

数字评价：促进语言思维综合提升

近年来，人工智能迅速发展，给教育带来了很大的影响，推进人工智能与教育深度融合势在必行。《义务教育语文课程标准（2022年版）》在评价建议中提出"教师应树立'教—学—评'一体化的意识，科学选择评价方式，合理使用评价工具，妥善运用评价语言，注重鼓励学生，激发学习积极性。"

2022年12月中华人民共和国教育部出台的《教师数字素养》教育行业标准，特别指出了教师要能够运用数字评价工具对学生的学习情况进行分析；能够合理选择并运用数字工具采集多模态学业评价数据；能够选择与应用合适的数据分析模型，开展学业数据分析；能够借助数字工具，可视化呈现学业数据分析结果并进行合理解释。由此可见，新的课程理念呼吁评价方式的转变。

一、借助数字工具，变单一型评价为多元化评价

在当今时代，借助数字工具可以实现从单一型评价向多元化评价转变。评价内容不仅涵盖知识掌握，还包括技能运用、创新思维、学习态度等。评价方式也从传统的笔试扩展到项目作业、在线测试、同伴互评等。同时，评价主体不再仅限于教师，学生自我评价、同伴评价、家长反馈也成为重要组成部分，共同促进学生的全面发展。

（一）评价内容的多元化

传统的语文评价往往侧重于知识的掌握和技能的运用，而数字工具可以收

集学生多方面表现数据，涵盖学习过程、课堂参与、作业质量、实践活动成果等，全面反映学生的综合素质，将他们的学习态度、参与度、合作能力等纳入评价范围，为精准且多元的评价提供有力支撑。

例如，教师可以通过在线讨论平台观察学生发言的积极性和质量，以此评价其思维的活跃度和创新性。同时，教师还可以利用学习管理系统记录学生的学习轨迹，包括作业提交的时间、修改的次数等，从而考察学生的学习习惯和自律性。

（二）评价方式的多元化

除了传统的纸笔测试，数字工具为我们提供了多样化的评价方式。如在线测验、电子作业、多媒体作品展示等。教师可以让学生制作以语文为主题的短视频或电子报，通过这些作品来展示他们对知识的理解和创意表达能力，还可以采用在线游戏化的测评方式，增加评价的趣味性和吸引力。

比如，人教智慧教学平台上的字音、字形、词语运用、课文内容掌握等方面的交互练习可以创建更具互动性、实时性且个性化的评价环境，激发评价者更主动地参与评价过程，从而提高评价的效果和价值。教师可以利用课余时间，带领学生在"人教智慧平台"上进行交互练习，这样的练习比书面纸质版的作业更容易激发学生的学习兴趣，让学生自觉主动地参与到评价中来。同时，评价准确、快捷、趣味性强等特点让学生的思维过程可以通过数字平台完全呈现出来，有利于教师客观综合评价学生的学习兴趣、态度和效果。

（三）评价主体的多元化

数字工具使得家长和学生都能够参与到评价中来。家长可以通过在线平台了解孩子的学习情况并给予评价和建议；同学之间可以在网络学习社区中相互评价作品和学习表现；学生个人也可以通过反思日志、学习记录等方式进行自我评价。

比如，教师可以通过数字工具把学生在校表现的数据推送给家长，在国家中小学智慧教育平台上建立自己的班级，邀请每一个学生注册并加入班级，这样教师就可以在每节课、每一天、每一周对孩子的语言、神态,学习情绪、学习行为、学习技能、作业情况等方面进行综合的评价,还可以通过软件中作业上墙功能,使家长随时随地都能了解孩子作业的完成情况、课堂参与度等方面的数据,促使家长参与到评价中来,这种数字工具无疑架起了家校沟通的"数据桥梁",我们可以从纵向和横向发现学生的成长变化以及知识能力增值的程度,对学生素养的评价变得动态化、可视化。借助数字工具,家校携手育人,实现了数据价值和效能的最大化。

二、借助数字工具,变终结性评价为过程性评价

借助数字工具,教育评价正从终结性评价转向过程性评价。通过实时跟踪学习过程,教师能够及时捕捉学生的学习动态,进行阶段性评价和反馈。同时建立学习成长档案,记录学习轨迹,这能更全面地评估学习进展,持续激励学生,促进其长期发展。

(一)实时跟踪学习过程

实时跟踪学习过程是现代教育技术的一大优势,教师可以利用数字学习平台了解学生在每一个学习任务中的表现和进步。例如,通过在线课程系统记录学生的学习进度、作业完成情况、参与讨论的次数和质量等,及时发现学生在学习过程中遇到的问题和困难,并给予针对性的指导和帮助。

在整本书的阅读教学中,笔者经常通过平台设置阅读打卡任务,鼓励学生每天要阅读一定时间的课外书籍,并在平台上分享阅读心得。教师通过这种方式,不仅能够监督学生的阅读进度,通过学生的分享了解他们的阅读兴趣和偏好,进而推荐适合他们阅读的书籍,还可以了解不同学生对书籍内容的不同理解,有利于后期开展适当的阅读分享活动,提升学生的思维能力。

(二)阶段性评价与反馈

借助数字工具,我们可以直观地看到学生的学习过程。教师可以根据教学

进度和学生的学习阶段，定期进行阶段性评价，并通过数字工具及时将评价结果反馈给学生和家长。同时，教师还可以利用数据分析工具，对学生的阶段性表现进行横向和纵向的比较，为后续的教学调整提供依据。

例如，在学期结束时，教师可以通过平台生成的学习报告，向家长展示学生一学期以来的学习成果和进步，同时也能发现学生在哪些方面需要加强，为下一学期的教学计划提供参考。

（三）建立学习成长档案

教师可利用数字工具为每个学生建立学习成长档案，记录他们在整个学期或学年中的学习成果、进步情况和重要的学习事件，是过程性评价最好的体现。

无论是出色的考试成绩，还是在课堂上精彩的发言表现；无论是优秀的作业，还是参与的各类学术竞赛所获得的荣誉，都能被一一收录。学生的每一次作业提交、每一次在线测验、每一篇作文草稿、甚至每一次课堂讨论的发言，都可以被记录和存档。同时，对于学生的进步情况，也能做到精准追踪。从最初对某个知识点的模糊理解，到逐渐掌握，再到能够熟练运用，每一个细微的进步都不会被遗漏。重要的学习事件，比如突破自我完成了一项具有挑战性的研究项目，或是在团队合作中发挥了关键作用等，同样会被如实记录。随着学期的进行，教师可以定期更新档案内容。此外，学习成长档案还包含学生的自我评价和反思。每个学期结束后，学生可以写下自己的学习总结，包括自己认为做得好的地方、需要改进的地方，以及对未来学习的规划和期望。这种自我评价的过程有助于培养学生的自我意识和自主学习能力，让学生直观地看到自己的成长历程，增强学习的自信心和动力。这些档案是过程性评价的重要依据。

三、借助数字工具，变结果导向评价为发展导向评价

利用数字工具，教育评价正从结果导向转向发展导向，更加注重学生的个体差异和个性化发展需求。评价重点放在能力培养和素养提升上，鼓励学生自主

学习,着眼于学生的成长过程,促进其全面发展,为未来奠定坚实基础。

(一)关注个体差异和发展需求

传统的评价方式往往"千人一面",过于单一,流于通用,无法充分考虑到学生个体的独特性。然而,随着数字工具的发展和应用,我们有了更多的机会使评价走向个性化。数字工具能够对学生的学习数据进行深入分析,发现每个学生的优势和不足,以及个体不同的学习特点和需求。教师可以根据这些分析结果,为学生制订个性化的学习计划和评价方案,提供有针对性的辅导和支持,促进每个学生在原有基础上的发展。

例如,新课标以及统编教材都将课外阅读纳入课程体系,除了教材推荐的书目,笔者还会通过问卷等数字工具了解学生的阅读情况和阅读兴趣,根据大多数同学的意愿,进行书目再推荐。再如,阅读四大名著,笔者引导学生为这本书设计一些名著趣味试题,上传到 App 中,通过电子答题卡的形式让学生答题,这样更有利于数据的整理收集;阅读其他书目时,还可以引导学生对书中某一人物进行采访,根据文本设计问题,在平台上邀请伙伴用该人物的语气进行回答。通过这样的评价活动,学生呈现出具有自己个性化的阅读收获,并对阅读效果进行检测,找到自己的阅读盲区后,继续回读、细读,为整本书阅读不断蓄能。

(二)强调能力培养和素养提升

发展导向的评价注重考查学生的语文综合能力和核心素养,如阅读理解、写作表达、批判性思维等。通过数字阅读平台监测学生的阅读量和阅读质量,利用在线写作工具评价学生的写作水平和思维深度,以及开展在线小组讨论评估学生的合作交流和问题解决能力等。

例如学习革命题材文章、鲁迅作品等与学生生活年代相距较远的课文前,笔者引导学生积极搜集资料,并在线开展交流讨论活动。这样的做法不仅为后续的学习奠定了良好基础,还有效培养了学生的合作学习能力以及解决问题的能力。

（三）激发学生的自主学习和发展动力

数字工具为学生提供了丰富的自主学习资源和空间，如在线课程、学习社区、电子图书馆等。在评价过程中，注重对学生自主学习能力和自我管理能力的评价，鼓励学生积极主动地探索知识，培养终身学习的意识和能力。例如，对学生自主选择学习内容、制订学习计划并有效执行的情况给予肯定和奖励。

利用数字工具实现语文评价过程的转变，是适应时代发展和教育改革的必然要求。通过多元评价、过程性评价、发展导向评价能够更加全面、客观、准确地评价学生的语文学习过程，促进学生的全面发展和语文素养的提升。然而，在实施过程中，我们也需要面对各种挑战，采取有效的对策加以解决。相信随着技术的不断进步和教育理念的持续更新，数字工具将在语文评价中发挥更大的作用，推动语文教育向更高质量、更具个性化的方向发展。

第六节

嵌入式评价：思维结构化与成果外显

表现性评价是一种评价学生积极参与并完成某项任务的评价方式。它是开放的、复杂的、真实的，遍布于单元整体教学计划中，且融入教学活动的各个环节，能够实时反馈学生的学习情况，为教学提供依据，从而实现"教—学—评"的一致性。这种评价方式不仅关注学生的学习成果，更注重对学生在学习过程中的思维状态、知识运用和技能掌握等方面。"单元嵌入式"表现性评价的基本特征是"嵌入"单元教学，采用"表现性评价"，旨在提升学生核心素养。通过嵌入式表现性评价，教师可以在教学过程中及时调整教学策略，以更好地适应学生的学习需求。对于学生来说，他们也能根据评价反馈及时改进学习方法，从而有效提升学习质量。

五年级下册第五单元为习作单元，我们重点研究通过嵌入式表现性评价任务，推动学生写作能力从知识积累向结构化成果转化。

一、嵌入式诊断评价：锚定学习起点与目标逆向设计

（一）锚定学习起点

习作单元的设计需体现语文学习的整体性与综合性。教师可以在单元教学之初明确告知学生，本单元学习的核心目标是完成一篇习作。所有板块内容均围绕这一目标展开，环环相扣，形成完整的习作能力培养闭环。

教学之初首先要明确单元各板块功能与逻辑链。单元导语，即明确单元语

文要素（阅读要素与习作要素），其中阅读为习作服务，聚焦习作核心能力训练。精读课文，即通过课文解析，引导学生体会表达特点，在阅读理解中提炼习作知识（如人物描写的基本方法）。交流平台，即系统归纳、梳理精读课文中隐含的习作策略，将感性认知升华为理性知识。初试身手，即基于前序学习，尝试实践习作知识，完成小练笔（如"课间观察一位同学"），实现从知识理解到初步运用的过渡。习作例文，即以浅显范例"演示"单元习作要素，提供模仿支架，如《我的朋友容容》中的细节描写，帮助学生将知识转化为能力。单元习作，即整合全单元所学，集中展示教学效度，如单元习作《形形色色的人》，完成从知识积累到综合运用的闭环。

该逻辑链以"习作要素"为轴心，通过"阅读解析→知识提炼→实践尝试→范例参照→综合创作"的递进式路径，构建"学—练—用"一体化的习作教学体系，最终实现学生习作能力的阶梯式提升。

（二）教学目标逆向设计

本单元教学强调以终为始的教学目标定位，以"单元习作《形形色色的人》"为最终目标，反向规划教学路径。

结合教材编排体系，梳理学生从三年级至六年级"写人"类习作的梯度要求，明确本单元需突破的难点——"综合运用多种方法具体表现人物特点"。

表1-4 教材写人习作内容及要素

年级册次单元	单元习作要素	习作内容
三上第一单元	体会习作的乐趣	猜猜他是谁
三下第六单元	写一个身边的人，尝试写出他的特点	身边那些有特点的人
四上第二单元	写一个人，注意把印象最深的地方写出来	我的家人
四下第七单元	学习从多个方面写出人物的特点	我的"自画像"
五上第二单元	结合具体事例写出人物的特点	"漫画"老师
五下第五单元	初步运用描写人物的基本方法，具体地表现一个人的特点	形形色色的人

从三年级到六年级一共安排了六次"写人"类习作,其中有四次涉及写出人物特点,四上第二单元"写一个人,注意把印象最深的地方写出来"其实也是在引导学生写出人物特点。

统编教材"写人"类习作要素遵循"由浅入深、阶梯递进"的设计逻辑:三年级从趣味启蒙,通过《猜猜他是谁》等习作,初步感知人物特点;四年级聚焦细节刻画,如《我的家人》,以及多维描写,如《我的"自画像"》,帮助学生构建人物立体形象;五年级则通过"事例支撑"《"漫画"老师》与"方法综合"《形形色色的人》等习作,系统整合动作、语言、侧面描写等技巧,实现从"写清特点"到"写活人物"的跨越。

教材通过"兴趣启蒙→特点聚焦→细节刻画→多维拓展→事例支撑→方法综合"的螺旋式上升路径,逐步提升学生观察、分析、表达的深度与广度,最终达成"以具体方法塑造立体人物"的素养目标,体现"由易到难、由表及里"的语文学习规律。

基于上述分析,我们将单元核心目标确定为学生能选取典型事例,综合运用正面描写,如动作、语言、外貌等与侧面描写,具体表现人物特点。结合子任务将核心目标拆解为子目标,即典型事例选取,单一方法实践,侧面描写补充,多种方法综合运用。对应子目标设计阶梯式任务链,即"家人档案""课间速写""侧面观察""人物画廊"。

表1-5　单元任务与学习活动设计

学习任务	子任务	学习活动	课时安排
刻画形形色色的人	家人"特点档案"	1.学习《人物描写一组》,聚焦描写人物的相关语句,提炼描写人物的基本方法 2.观察家人,填写"人物特点卡"(含典型事例、细节描写关键词)	2.5课时
	课间"速写大师"	1."交流平台"梳理习作要点 2.课间观察一位同学,用学过的方法写一写他	0.5课时

续表

学习任务	子任务	学习活动	课时安排
刻画形形色色的人	班级"侧面观察员"	1. 学习《刷子李》，总结课文描写人物特点的方法，即通过描写周围人的反应，间接写出人物特点 2. 为课间观察同学所写下的片段补充侧面描写，间接写出人物特点	2 课时
	《人物画廊》文集	1. 阅读习作例文，再次明确描写人物的基本方法 2. 综合运用多种方法，写出一个人的特点 3. 学生最终习作汇编成册，包含"家人特写""同学掠影""社区人物"等栏目	3 课时

二、嵌入式过程评价：真实任务链驱动

围绕单元核心目标"综合运用多种方法具体表现人物特点"，设计生活化、阶梯化的任务链，将知识学习与实践运用紧密结合，通过真实情境激发学生表达欲望，逐步提升习作能力，为最终写好习作打好基础。

子任务1：家人"特点档案"。

学生学习《人物描写一组》之"摔跤""他像一棵挺脱的树"，通过圈画细节描写的语句，如"小嘎子猴儿似的蹦来蹦去""祥子脸上永远红扑扑的"，体会作者如何用细节描写突出人物特点；学习"两茎灯草"体会作者是怎样刻画出严监生"吝啬"的特点，以此问题为核心，开展小组合作学习。教师还可以补充《儒林外史》中体现严监生吝啬的其他事例，如严监生连猪肉也舍不得吃，两位舅爷赶考借盘缠，他也舍不得借等情节，与文中"临死前还关心两茎灯草费油"的事情进行对比，引导学生体会抓住典型事例，更能凸显人物的特点。

学生学会了描写人物的基本方法后，结合"初试身手"继续引导他们观察家人日常，如"妈妈送我上学时的唠叨""爸爸每天手机不离手"，结合提炼的描写方法填写"人物特点档案"，要求用关键词记录典型事例与细节，将文本范例转化为生活化表达。

以"研读文本→提炼方法→观察迁移"为路径，搭建读写平衡支架，帮助学生实现从知识学习到方法内化再到实践运用的进阶，为后续综合写作奠定事例选取与具体描写的基础。

子任务2：课间"速写大师"。

本任务通过"交流平台"系统梳理单元习作要点，即选取典型事例，运用多种方法，如侧面描写，间接写出人物特点。通过《人物描写一组》三篇选文的横向比较，引导学生思考，为什么每篇选文在人物描写的方法上各有侧重（如"摔跤"侧重描写人物动作，"他像一棵挺脱的树"侧重描写人物外貌）。通过思考，使学生发现要结合自己写作的内容，选择合适的人物描写方法，这样更能体现人物的特点。随后引导学生课间动态观察一位同学（如跟同学聊天时眉飞色舞、解题时皱眉咬笔），结合所学方法速写片段。

通过知识结构化梳理和真实观察、实践，强化学生对动态细节的捕捉与转化能力，推动习作知识从记忆性理解向情境化运用迁移，为后续综合写作积累鲜活素材，同时深化"观察—分析—表达"的思维过程。

子任务3：班级"侧面观察员"。

通过研读《刷子李》中徒弟曹小三的心理变化，如从"崇敬"到"质疑"再到"折服"，总结"以他人反应烘托人物特点"的侧面描写策略，引导学生分析文中"曹小三惊叹""环境渲染"等手法如何间接塑造刷子李的技艺高超；随后，学生基于课间速写片段，如"跳绳高手""小书迷"，补充周围人物的反应，如"围观者屏息凝神""同学们都在说笑"或环境细节，如"绳子啪啪有节奏的甩动声"，将侧面描写融入原有文本。

设计这个子任务，旨在帮助学生理解侧面描写的表达效果，突破单一正面描写的局限，增强人物形象的立体性与真实感，最终实现从"直接刻画"到"多维表现"的写作思维进阶。

三、嵌入式成果评价：成果可视与素养进阶追踪

（一）《人物画廊》展示

学生最终习作汇编成册，包含"家人特写""同学掠影""社区人物"等栏目，体现人物描写的多样性与深度。

本阶段通过重读习作例文——《我的朋友容容》，系统回顾人物描写的基本方法，抓住批注让学生体会作者运用动作、语言、神态等多种描写方法来表现容容的天真可爱；在《小守门员和他的观众们》一文中，通过观众们的不同表现也能从侧面反映出比赛进入白热化阶段。引导学生结合前期任务积累的素材，如家人"特点档案"、课间速写片段、侧面描写补充，综合运用多种方法撰写完整习作，要求围绕"家人特写""同学掠影""社区人物"等主题刻画人物特点；最终将学生作品汇编成《人物画廊》文集，通过栏目分类展示不同场景下的鲜活人物形象。

通过"方法复盘→综合创作→成果外化"，巩固单元习作知识的系统性应用，强化学生"观察—分析—表达"的完整思维链，同时以真实作品集激发写作成就感，体现"教—学—评"一体化的素养提升闭环。

（二）"双改"并行的修改策略

1. 自主修改：三步自查法深化语言内省

第一步为朗读自查：学生需大声朗读自己的习作，通过听觉感知语言流畅度，修改读不通顺或表述模糊的句子。这一环节旨在引导学生利用语感发现表达存在的问题，培养自我检视的习惯。第二步为符号标记：学生使用符号标注问题。如标记笼统的表述（如"某某很开心"），圈画缺失的细节（如"某某下课帮助同学"），后续学生可以补充某某开心时的神态，某某如何帮助同学的细节描写。符号的引入使修改方向可视化，避免盲目调整。第三步对照清单核查：

表1-6　五年级下册第五单元习作修改任务清单

习作修改任务清单	
检查内容	**完成情况**
选取了典型事例	典型（　　）　一般（　　）　不够典型（　　）
运用哪几种描写方法 语言（　　）动作（　　） 外貌（　　）神态（　　） 心理（　　）侧面描写（　　）	语言描写：丰富（　　）　不够丰富（　　） 动作描写：丰富（　　）　不够丰富（　　） 外貌描写：丰富（　　）　不够丰富（　　） 神态描写：丰富（　　）　不够丰富（　　） 心理描写：丰富（　　）　不够丰富（　　） 侧面描写：能突出人物特点（　　） 不够突出人物特点（　　）
不会写的字查阅字典	
每个自然段开头空两格	
丢字、添字、不通顺的情况	

学生依据"习作修改清单"，如"是否选取典型事例？是否综合运用人物描写方法？"逐项核验，确保修改的系统性。若发现事例普通，如"妈妈每天为我做饭"，可替换为"妈妈熬夜为生病的我做营养餐"，增强典型性。

2. 合作互改：读懂与追问驱动深度对话

在互改环节，学生以"欣赏性评价"与"批判性追问"相结合，推动习作质量的螺旋上升。第一层次以读懂与正向反馈为核心：互改者通读同伴习作后，用不同颜色的笔标注自己认为能体现人物特点的地方。通过"寻找亮点"，既巩固自身对"好表达"的认知，又为同伴提供正向激励。第二层次以追问链引导深度完善：如有的同学写"张同学下课主动擦黑板"，阅读者追问："他擦黑板前做了什么？他擦黑板时，别的同学在干什么？"等问题。引导小作者写出同学擦黑板的一连串动作：打来一盆清水，把抹布浸湿后又拧干，把黑板上的字认真擦掉。其他同学有的在说笑，有的在做作业，来衬托这位同学热爱班集体的特点。阅读者提出"我还想知道……"的问题，以疑问的形式提示同伴补充缺失信息或模糊表述，引导同伴综合运用多种方法描写人物。

综上所述，通过"前置诊断—任务驱动—成果跟进"的一体化设计，将嵌入

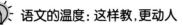

式评价深度贯穿于习作单元教学，形成"诊断—实践—反馈"的闭环逻辑。学生在真实任务中逐步掌握人物描写策略，借助可视化评价工具实现"以评促学"，最终达成从知识积累到素养提升的跨越。

第二章

识字写字并进，奠定表达基石

汉字是学生认识世界、获取知识的起点,而思维是学生学习的核心能力。识字教学旨在让学生记住汉字的字音、字形,通过汉字的学习,引导学生发现汉字的规律、结构和文化内涵,从而培养他们的思维能力,树立文化自信。

观察力的培养

汉字作为表意文字,其结构和形态中蕴含着丰富的信息。在识字教学过程中,教师会引导学生观察汉字的笔画、整体结构和偏旁部首。这样的观察能够锻炼学生的观察能力。例如,当学生发现带有"日"字旁的字(如"晴""明""晚")大多与时间或太阳有关时,他们便学会从细节中发现规律,而这种观察力正是思维能力的基础。

分析与综合能力的提升

汉字的构造复杂多样,学生在学习过程中需要分析字的结构(如左右结构、上下结构、半包围结构等),并综合运用已有的知识来理解字义。例如,当学习"清、晴、情、请"等字时,学生需要分析这些字的共同点(都有"青"字)和不同点(偏旁不同),从而理解形声字的构字规律。这种分析与综合运用的过程,有助于培养学生的逻辑思维能力。

想象力与创造力的激发

汉字的字理本身就是一个充满想象力的有趣故事。例如,"休"字由"人"和"木"组成,表示人靠在树上休息。通过讲解字理,教师可以激发学生的想象力,引导他们在脑海中构建出汉字所描绘的画面。此外,在学习过程中,学生还会尝试运用已知的汉字来创造新的词语或句子,从而培养他们的创造力。

文化理解与思维深度的拓展

汉字作为中华文化的重要载体,每一个汉字都蕴含着丰富的文化内涵。通过识字教学,学生不仅学习了汉字,还能了解其背后的文化故事。例如,在学习"家"字时,教师可以引入古代"家"字的象形意义,让学生理解"家"的文化和情感内涵。这种文化理解能够帮助学生拓展思维的深度,树立文化自信。

探秘字族，开启识字
——一年级《小青蛙》教学课例

一、教材分析

该单元是本册第一个识字单元，识字写字是本单元的教学重点。本课书是字族文识字，集中体现了形声字的识字特点。生动有趣的儿歌讲述了青蛙的外形特点和本领特点，将生字融入字族文识字儿歌的语境中，有利于激发学生的学习兴趣，提高识字效率。在教学中，教师要借助生动直观的手段，帮助学生建立汉字音、形、义之间的联系，加深学生对形声字构字特点的认识，提高识字的效率。在识字的同时，也要引导学生了解汉字文化，热爱祖国的汉字文化。

二、学情分析

一年级下学期的学生已经具备一定的识字写字基础，能掌握部分简单汉字的认读与书写，也掌握了一些基础的识字方法，比如通过观察字形、联系生活、语境理解等方式理解字义。不过，他们对形声字构字规律的认知尚浅，自主探究发现和系统归纳能力有待提升。同时，一年级学生注意力易分散，形象思维占主导，对直观、生动、有趣的学习素材兴趣浓厚。因此，在《小青蛙》一课的教学中，教师可借助插图、儿歌、游戏等多样化手段，激发学生学习兴趣，引导其深入学习形声字，培养自主识字能力。

三、教学目标

1. 认识"清、晴"等12个认读字和"病字旁"这一偏旁，会写"青、清"等7个字，会写笔画"横折提"。

2. 了解"青"作偏旁的一组汉字的特点，体会形声字构字规律。

3. 正确朗读儿歌，有保护青蛙的意识。

◆ **教学重难点**

认识本课的12个生字。识记以"青"字为母体字的一组形声字。运用归类识字的方法，引导学生发现特点，借助儿歌的学习，联系生字的偏旁，理解字义，了解形声字的构字规律。

四、教学准备

教学过程中需要使用的图片及视频资料。

五、教学过程

（一）导入新课，创设学习情境

教师出示课文插图。

师：今天老师请来一位小伙伴跟我们一起上课，看看它是谁？

生：小青蛙。

师：对了，是小青蛙。今天这节课，我们就来了解这位人类的好朋友——小青蛙。看老师写课题。（板书课题《小青蛙》）

（二）整体感知，了解儿歌内容

师：小青蛙送给我们一首小儿歌，请你认真听老师来读一读。想想儿歌里的小青蛙长什么样子？它能做什么事情？

教师范读儿歌。

师：听了老师朗读，你们知道小青蛙长什么样子了吗？

生：小青蛙长着大眼睛。

师：对呀，你刚才一定认真听了。这首儿歌告诉我们，小青蛙能做什么事情呢？

生：保护禾苗吃害虫。

【设计意图】教师范读儿歌并提问，旨在培养学生的倾听能力和提取关键信息的能力。一年级学生正处于语言发展和信息接收的关键阶段，教师通过这种方式，引导学生学会认真倾听，并从儿歌中获取关于小青蛙外形和本领的信息，初步感知儿歌内容，为深入学习生字和理解课文奠定基础。

（三）学习生字，体会形声字的结字特点

1. 识写"青"字。

师：读了儿歌，大家已对青蛙朋友渐渐熟悉了。下面就跟着老师学写小青蛙名字中的"青"字吧。

（1）体会字意。

师："青"字，上面"王"出头，下面"月"初升。这个字表示颜色，跟老师读下面几个词语，你猜一猜这个字在这些词语中表示什么颜色？

出示词语：青草　青蛙　青菜　青豆　青苗

师：猜出来了吗？

生：表示绿色。

师：你们是怎么发现的？

生："青草、青蛙、青菜、青豆、青苗"都是绿色的。

师：我知道了，你们是联系生活经验发现的。"青"字在这些词语中的确表示绿色。

出示词语：青天　青丝

师：在"青天"和"青丝"这两个词中表示什么颜色呢？

生："青天"的"青"表示蓝色，天空是蓝色的。

生："青丝"的"青"表示黑色，因为头发是黑色的。

师：我听懂了，你理解了"青丝"指的是头发。看来联系生活理解字词的意思是个不错的方法。

【设计意图】通过呈现不同词语让学生猜测"青"字的颜色含义，联系生活经验理解字义，帮助学生建立汉字与生活实际的联系。一年级学生对生活中的事物较为熟悉，这种方式符合他们的认知特点，能让学生更直观地理解字义，同时也培养了学生观察生活、运用生活经验学习语文的能力。

（2）提示书写要点。

师：接下来，我们学习把"青"这个字写好。你觉得写好这个字有哪些需要注意的地方吗？

生：下面的"月"字把撇改成竖了。

生：第三横要写得长一点。

师：大家提到这些地方确实需要注意。另外，老师还想提示大家，这个字的横画特别多，注意横与横之间的距离要均匀，这样就能把字写得更漂亮。看老师写一写这个字。

教师范写，并通过儿歌提示。儿歌内容如下：

上面"王"出头，下面"月"初升。

横画分长短，间距要均衡。

师：请你在语文书上描一个"青"字，写一个"青"字。

学生练习书写，随后投屏某学生书写的生字进行交流。

师：看看这位同学写的"青"字，你发现他的字哪些地方写得特别好吗？

生：他写的横画之间的距离很均匀。

生：他写的横画长短不一样，第三个横最长。

生："月"字的撇改成了竖。

师：还有建议给他提一提吗？

生：他写的横有的平，有的有斜。

师：要注意横画都略向右上扬，这样才更美观。还有建议吗？

生：上面的竖不太直。

师：竖画写得直，字才更端正。下面，同桌交换语文书，你来评价一下伙伴写的字，写得好的地方和需要修改的地方，都可以向伙伴提出来。

生生评价。

师：听了伙伴的提示，相信你一定能把字写得更加规范端正。请你再写一个"青"字，看看这次是不是比上一次写得更有进步。

2.学习书写"生""气"两个字。

师：你们看，"生""气"两个字也要注意横画之间的距离要均匀。请你自己练习写一写吧！

学生自主练习书写，教师组织评价后，继续练习，方式同上。

3.认识"青"作偏旁的一组汉字。

（1）圈画"青"作偏旁的一组汉字。

师：请同学们再读读这首小儿歌，儿歌中还有几个字都带有我们刚刚学过的"青"字。请你边读边把它们圈出来。

学生自由朗读，圈画生字。

师：你找到了哪几个带有"青"字的生字？

生：清、晴、睛、情、请。

师：我们把这几个生字从儿歌中请出来，谁能当小老师带着大家拼读？

指名学生拼读，全班跟读。

师：这几个字里都有"青"，大家读得特别准确。通过读这几个汉字，你们有什么发现？

生：这几个字读音差不多。

生：这几个字声调不一样。

生：这几个字左边不一样，右边都是"青"字。

师：是呀，同学们特别善于发现，这几个字的读音相似，字形也相似。

【设计意图】引导学生圈画并拼读带有"青"字的生字，旨在培养学生自主发现和认读生字的能力。让学生通过观察和比较，发现这些字的共同点和不同点，初步感受形声字的特点，激发学生对汉字构字规律的探究兴趣，为后续深入理解形声字打下基础。

（2）语境中建立字形与字义的联系。

师：我们把这些生字的好朋友也请出来。

出示词语：河水清　天气晴　眼睛　做事情

再出示河水、晴空、眼睛、心跳的图片，与词语一一对应。

师：读读这些词语，看看这些图片，想想词语的意思。你知道这些读音相似，字形也相似的字，为什么左边的偏旁不一样吗？

生："河水清"说明河水很清澈，所以"清"字左边有个三点水。

生："天气晴"就是天上有太阳，所以"晴"字有个日字旁。

生：眼睛就是目，左边就是目字旁。

生：做事情时心里特别着急，左边就是竖心旁。

师：是的，发生了重要的事情，心里或许有着急、高兴、担忧的情绪，"情"字左边就是竖心旁。请同学们再来看看这个"请"字，猜猜这个字为什么是言字旁？

生：说"请"特别有礼貌。

师：我们在表达对别人的尊重时，往往要说"请"字，所以这个字有个言字旁。你们发现了吗，这些字左边的偏旁表示字的意思，叫作形旁，右边的偏旁表示字的读音，叫作声旁，这样的字叫作形声字。

【设计意图】将生字与对应的词语、图片相结合，引导学生理解字的偏旁与字义的关系，揭示形声字的构字规律。一年级学生理解抽象概念有一定难度，借助直观的图片和熟悉的语境，能帮助他们更轻松地理解形声字的特点，掌握识字方法，提高识字效率，同时加深对汉字文化的理解。

（3）练习巩固。

教师出示书后练习，内容如下：

晴　情　睛　清　请

眼睛　　（　）问　　（　）水

（　）天　　心（　）

师：下面请你试着练一练。

生："请问"的请是言字旁。

师："请问"这样说话多有礼貌啊，所以请字有个言字旁。

生："清水"的"清"是三点水。

师：是的，"清水"与水有关。

生："晴天"的"晴"左边是日字旁。

师：晴天时一定会艳阳高照。

生："心情"的"情"左边是竖心旁。

师："心情"是心里的感受，所以"情"字是竖心旁。

出示第4课《猜字谜》中的第二个字谜，内容如下：

"言"来互相尊重，"心"至令人感动，"日"出万里无云，"水"到纯净透明。

师：下面我们来猜个字谜，先跟老师来读读谜面。你猜出谜底了吗？

生：青。

师：猜对了，这个字谜的谜底就是我们刚刚学过的"青"字。你们是怎样猜出来的？

生：言字旁来了，就组成了"请"字；竖心旁来了，就组成了"情"字，日字旁来了，就组成了晴天的"晴"，水到就变成了清水的"清"。

师：相信"青"字和它的朋友们，你都认识了，小青蛙要来考考你。荷叶下藏着哪个字呢？大声读一读吧！

出示生字认读游戏。

生：青、清、晴、睛、情、请。

【设计意图】通过书后练习、猜字谜和生字认读游戏等方式，对所学形声字进行巩固练习。多种形式的练习能增加学习的趣味性，避免单调枯燥，符合一年级学生活泼好动、喜欢游戏的特点。同时，有助于学生强化对形声字的记忆，检验学习效果，进一步加深对形声字构字规律的理解和运用。

4. 书写"青"作偏旁的一组汉字。

师：下面我们来学写"清、晴、情、请"几个字。先来学习写好"请"字左边的言字旁。言字旁的第二笔叫"横折提"，折笔直而短，第一笔点跟折笔写在一条垂线上。看老师写一写言字旁。

教师范写。

师："清、晴、情、请"这几个字有什么共同点，你们发现了吗？

生：都是左窄右宽的结构。

师：说对了。老师还想提醒大家，虽然这几个字都是左窄右宽的结构，仔细看看左边偏旁的大小是不一样的。注意这一点，就能把这几个字都写好。请你自己试着写一写吧。

学生练习书写。

5. 认识"眼""害"等字。

（1）形声字规律识记"眼""护""病"。

师：短短的时间里你们不仅认识了那么多字，还能把它们写好，真了不起！运用我们刚才学过的形声字识字方法，你自主识记了哪个认读字？

生：我记住了"眼"字，这个字的意思表示眼睛，左边就是"目"字。

生："护"字我也记住了，保护他人要用手，这个字就是提手旁。

生：见到上了年纪的人，我们要礼让，说话也要注意谦让，所以"让"字左边也是言字旁。

师：老师告诉你们，"病"字的意思其实也与它的偏旁有关。很久以前，病字旁就很像人躺在病床上。带有病字旁的字大多与疾病有关。

教师出示相关图片，以及带有病字旁的其他汉字如"疼、疾"等。

师:跟老师读读这几个字——疼、疾。你们看,很多汉字都是一部分表示字的意思,一部分表示读音,学会了这种形声字的识字方法,我们一下子就能记住很多字,认识很多字呢。

(2)认识"保""事"。

师:这两个字你们是怎么认识的?

生:"保"就是保护的"保"。

生:"事"是做事情的"事"。

师:我知道了,你们在词语中理解了这两个字的用法,这也是识字的好方法。

(3)认识会意字"害"。

师:同学们,儿歌中的生字你们学得可真快啊!学习伙伴小青蛙也忍不住表扬你们。自己大声再读一读小儿歌,这下你知道小青蛙对于人类有什么作用了吧!

出示:保护禾苗吃害虫,做了不少好事情。

师:小青蛙是怎样保护禾苗的?

生:它能吃掉害虫。

师:是的,它能吃害虫。同学们看看这个"害"字,宝盖头就是我们的家,家里有了害虫,害虫张大"口"要把储存的粮食都吃掉,这可真是灾害啊!你记住"害"字了吗?

生:记住啦。

师:多亏了小青蛙为我们做好事情。我相信同学们一定会爱护小青蛙的。

(四)总结

师:今天我们认识了人类的好朋友——小青蛙,跟着小青蛙认识了那么多生字朋友。让我们再来读读小儿歌,赞美小青蛙吧!

学生齐读儿歌。

六、板书设计

小青蛙

青

清　情　晴　睛　请

字理识字，品味语言

——二年级《拍手歌》教学课例

一、教材分析

本课是统编教材二年级上册识字单元的一篇识字课。本课是一首拍手歌，共十节，字数相同，读音押韵，节奏感强，充满童趣。这首儿歌不仅描绘了大小动物在自然界自由生活的美好情景，还告诉小朋友们："人和动物是朋友，保护动物是大事。"儿歌中运用了大量形象生动的词汇和活泼的语句，如"雄鹰飞翔云彩间""天空雁群会写字"，为学生提供了丰富的语言素材，有利于培养学生的语感和想象力，提升其语言表达能力。本课多数生字与动物名称紧密相关，为引导学生进行归类识字创造了良好条件。通过学习，学生可以了解到"鸟""隹"偏旁表义的特点。这种字理识字的方式，有助于学生理解汉字的构造规律，帮助他们更高效地认识生字，培养其自主识字能力，为今后的语文学习打下坚实基础。

二、学情分析

经过一年级的学习，学生已掌握了一定的识字方法，如拼音识字、加一加、减一减等，并借助拼音认读生字，为自主识字奠定了基础。但本课涉及众多动物名称生字，部分生字笔画复杂，像"鹰""锦"等，对于二年级学生来说，在字形记忆和字音准确认读上仍存在一定难度。同时，他们对汉字偏旁表义功能的理解尚处于起步阶段，理解"鸟""隹"偏旁表义特点并运用其归类识字，需要教师引导。

三、教学目标

1. 会写"熊、猫、歌、深、朋"五个字。认识"孔、雀、锦、雄、鹰、雁"等14个字。了解"鸟、隹"偏旁表义的特点。

2. 能正确、流利地朗读拍手歌，读出节奏感。

3. 感受动物自由快乐的生活状态，初步树立保护动物的意识。

◆ **教学重点**

认识动物名称，了解"鸟、隹"偏旁表义的特点，并根据汉字的特点进行归类识字。体会汉字的匀称美，将本课生字书写得规范、端正、美观。

◆ **教学难点**

会写"熊、猫、歌、深、朋"五个字，体会汉字结构的匀称美，把字写得规范、端正、美观。

四、教学准备

1. 准备课上需要使用的图片、音频和视频资料。

2. 师生做拍手游戏。

五、教学过程

（一）游戏导入，揭示学习内容

师：同学们，你们会玩拍手游戏吗？

生：会。

师：谁愿意来跟老师一起做拍手游戏？在玩拍手游戏的时候，我们往往会一边拍手一边说歌谣。你会说哪个歌谣？

生：小白兔，白又白。

师生做拍手游戏。

师：做拍手游戏时背古诗是不是也可以？还有谁愿意跟老师边做游戏边背古诗？

师生继续做拍手游戏。

师：接下来，请同桌两个同学一起来做一做拍手游戏。你们可以边做游戏边背诵自己喜欢的歌谣或古诗。

生生做拍手游戏。

师：同学们，刚才我们一起玩了拍手游戏，今天我们就来学习《拍手歌》，伸出小手跟老师一起写课题——《拍手歌》。(板书课题)

【设计意图】通过与学生玩拍手游戏，唤起学生的已有经验，营造轻松愉快的课堂氛围，激发学生的学习兴趣和参与热情。引导学生在游戏中背诵歌谣或古诗，自然地引出本节课要学习的《拍手歌》，让学生对新知识充满期待，同时也为学习新的拍手歌奠定节奏和韵律基础。

（二）初读课文，自主识字

1. 初读课文，了解拍手歌的主要内容。

师：听老师来读读拍手歌，边听边思考：拍手歌讲了什么内容？

生：讲了很多动物。

生：要保护小动物。

师：我们都要保护哪些小动物呢？请你自己来读读拍手歌，把小动物的名字画出来。

学生自主朗读课文，圈画动物名称。

2. 自主识字，交流识字方法。

师：这些小动物非常可爱，可是他们的名字不好认、不好记。请你借助书下拼音认认小动物的名字，用自己的方法记住它们，并在小组中交流。一会儿老师要考考你。

学生自主识字并与伙伴交流识字方法。

【设计意图】引导学生自主圈画动物名字，激发他们主动参与学习意识，提高自主学习能力，同时这一活动也能帮助学生熟悉课文中的动物形象，为后续识字做铺垫。在自主识字环节，鼓励学生运用多种识字策略，发挥主观能动性，培养合作交流能力，增强识字效果。

3.考查识字情况。

（1）出示词语：锦鸡、黄鹂、孔雀、雄鹰、百灵、猛虎、熊猫（带拼音）

师：谁能当小老师带领大家拼读词语？

师：给你们增加一些难度，去掉拼音，我们开火车读一读。

（2）出示生字：锦、鹂、孔、雀、鹰、鸡、黄、雄

师：这些生字能组成哪些小动物的名字呢？

生：锦鸡、黄鹂、孔雀、雄鹰

师：再读一读这种小动物的名字。

生：大雁。

课件最终出示：黄鹂　锦鸡　孔雀　雄鹰　大雁

【设计意图】采用多种形式认读词语和生字，如带拼音读、去拼音读、开火车读、生字组词等，帮助学生巩固识字成果，及时发现并纠正读音错误，强化记忆。

（三）感悟字理，识写生字

1.感悟字理，识记带"鸟"的生字。

师：读一读小动物的名字，你有什么发现吗？

生：它们都属于鸟类。

师：你们怎么知道锦鸡、黄鹂是鸟类呢？

生：它们的名字中都有"鸟"字。

师：你们见过锦鸡吗？

出示锦鸡图片。

师:这就是锦鸡,观察它这一身羽毛,你知道它为什么叫锦鸡吗?

生:因为它羽毛很漂亮。

师:想象一下,如果给锦鸡穿上白色的衣服还美吗?

出示:"帛"字。

生:不美了。

师:还是图片中穿着五彩衣的锦鸡更美,它的羽毛像锦缎一样光滑,想象一下,在阳光的照射下,这身羽毛一定是——

生:金光闪闪。

出示:"金"字。

师:你知道为什么"钅"不写成"金"字吗?其实以前人们这样书写"錦"字,后来为了简便,就写成了现在的"锦"字。老师这里有一首小儿歌,帮助大家记住"锦"字。大家一起来读读。

生:锦鸡锦鸡穿花衣,金光闪闪真艳丽。

师:你认识它吗?

出示黄鹂图片。

师:黄鹂是一种美丽的鸟。它不仅样子美丽,叫声也很动听,大诗人杜甫曾经就这样称赞过它——

生:两个黄鹂鸣翠柳,一行白鹭上青天。(杜甫)

【设计意图】展示锦鸡图片,结合字理讲解"锦"字,帮助学生理解汉字的演变和构成,让识字过程更加生动有趣,加深学生对生字的理解和记忆,同时感受中华文化的博大精深。

2.感悟字理,识记带"隹"的字。

师:还有哪个动物的名字里也有"鸟"?

生:雄鹰的"鹰"。

师:"鹰"字里藏着一个字,它也表示鸟的意思。

出示:"隹"字象形字图片。

师：看它的样子像什么？

生：像鸟。

师：这个字慢慢变化就成了"隹"字。认识它吗？

生：zhuī 隹。

（板书"隹"）

师：雄鹰可是群鸟之王，难怪它的名字里既有"鸟"又有"隹"。老师编了一首小儿歌帮你记住它。

生：广阔蓝天，人类伙伴，鸟中之王，一飞冲天。

师："雄"字里面也有"隹"这个字，跟鸟有什么关系呢？

生：不知道。

师：老师告诉你，鸟和所有动物一样，都是雄雌之分。雄表示雄性的鸟，所以"雄"字里面也有"隹"字。还有哪个动物的名字里也有"隹"？

生：孔雀。

师：我们的课堂上就来了一只小孔雀，我们来听听它的自我介绍。

教师播放视频：同学们，你们好。我的名字叫孔雀，我头上长了三根漂亮的羽毛，这三根羽毛变成了"小"字，你看我的身子像不像"隹"字？这就是我的名字"雀"。

师：原来"雀"字上面并不是"少"字，而是变形的"小"字，加上下面的"隹"字就是"雀"。你们记住了吗？

生：记住了。

师："雁"字里面也有"隹"字。厂字头就表示高高的山崖。大雁飞过高高的山崖。里面还有个"人"字，你猜猜这个"人"字表示什么？

生：大雁是人类的朋友。

师：是呀，这些鸟类都是我们人类的好朋友。

生：大雁排成"人"字形的队伍飞。

师：是的，大雁南飞，总是排着整齐的队伍，如人字形。这就是大雁的"雁"

字,你们记住了吗?

生:记住了。

师:老师还给大家请来了一位鸟类朋友呢,听,它正在枝头唱歌呢!

播放百灵鸟的叫声的音频。

师:好听吗?

生:好听。

师:这就是森林歌唱家——百灵。

出示:百灵。

师:百灵鸟也是鸟类,它的名字里为什么没有"鸟"字也没有"隹"字呢?

生:不知道。

师:其实百灵还有个好听的名字,叫"云雀"。来读读它的另一个名字。

生:云雀。

师:它的叫声这么好听,有人夸她是"森林歌唱家"。你能夸夸它吗?

生:百灵鸟是美丽的歌手。

生:百灵鸟唱歌很好听。

生:百灵鸟会唱最好听的歌。

师:同学们很有想象力和创造力。我们来看看别人是怎样夸它的。

出示句子:

百灵鸟多灵活。

百灵鸟真灵敏。

百灵鸟特别灵巧。

百灵鸟太机灵了。

百灵鸟可真是灵秀可爱的小鸟。

指名读、男女生读、齐读。

师:这些可爱的鸟藏进了课文的句子里,你还会读吗?

出示:你拍二,我拍二,孔雀锦鸡是伙伴。

你拍三，我拍三，雄鹰飞翔云彩间。

你拍四，我拍四，天空雁群会写字。

你拍六，我拍六，黄鹂百灵唱不休。

指名读、男女生读、齐读。

【设计意图】运用象形字图片和儿歌等方式讲解带"隹"的字，使抽象的汉字形象化，降低识字难度，激发学生对汉字的探究兴趣，培养其观察力和想象力。

3.学写生字，体会汉字的美。

师：刚才我们认识的都是鸟类朋友，你看这是谁？

生：猛虎、熊猫。

师：接下来，我们写一写国宝大熊猫的名字。"熊"字是我们学过的"能"字加上四点底，注意书写紧凑。

教师示范。

师："猫"字虽然笔画少，要想写得端正、美观并不容易。谁能说说书写"猫"字需要注意什么？

生：左右结构，左窄右宽。

生：左边高一点，右边矮一点。

生：反犬旁别写成提手旁。

师：写好反犬旁很关键。第二笔弯钩从第一笔撇的中间穿过，第三笔撇要从弯钩的中间起笔，这就是我们中国汉字的匀称美。

学生自主练习"熊猫"一词。

师：这节课我们还要学写几个左右结构的字。自主观察左右结构的字，说说书写时注意什么。

生："深"字左窄右宽。"歌"和"朋"左右差不多宽。

师：你观察得很仔细。刚才通过学习"猫"字，我们知道了中国汉字要写出匀称美。你们再来观察观察这几个左右结构的字，在书写时怎样才能写得匀称美观呢？

生:"朋"字左边和右边都是月,就要写得匀称。

师:是啊,对称之美。再仔细看看,两个"月"字是完全一样吗?

生:右边的"月"比左边的"月"大一点点。

师:是的,相同的笔画,相同的部件,我们也要写出不同。这样汉字才更匀称、更美观。

生:唱歌的"歌"字左边是哥哥的"哥",上面一个"可"下面一个"可",两个"可"字差不多,但是下面的"可"字有勾,上面的没有勾。

师:你们也发现了相同的部件也要有变化。

生:"深"字的右边有个"木","木"的一竖从横的中间穿过,下面还有一撇一捺,这个字就显得很匀称。

师:是啊,孩子们,我们中国的汉字也讲究匀称之美,但是匀称中又有变化。我们祖国的汉字多奇妙啊!接下来就请同学们,把这些左右结构的生字书写出来。

学生自主书写,随后教师组织交流、评价。

师:这节课我们跟那么多动物交上了朋友,一起再来读读他们的名字吧。

生:雁群、孔雀、锦鸡、雄鹰、黄鹂、百灵、熊猫、猛虎。

【设计意图】在书写生字时,学生虽能知晓左右结构字的宽窄比例等基本书写规则,但要精准把握笔画之间、部件之间的匀称关系,以及在相同笔画、部件中体现变化,才能将汉字写得规范、端正、美观,具有一定挑战性。如"朋"字,两个"月"字大小、笔画的细微变化,学生书写时较难把握到位。指导书写生字时,强调汉字的匀称美和变化,培养学生正确的书写习惯,让学生感受汉字的书写艺术,提高书写水平,传承中华优秀传统文化。

4.小组合作,再现动物名字,巩固识记。

(1)指读本节课学过的动物名称。

师:老师给了每组同学一袋词卡,请你从书箱里拿出来。这里面就藏着我们刚刚学过的动物名称,把它们找出来,小组内互读。

学生在小组内找出词卡，互相指读。

师：接下来，老师想把这些小动物请到课堂前面来。谁想扮演这些小动物？

教师指名几位学生到讲台前，分别戴上孔雀、雄鹰、大雁、锦鸡等动物头饰。

师：老师要把这几位动物朋友依次请出来了。同学们，你们看到了哪位动物朋友，就把他的名字卡片举起来大声读一读。（教师对几位扮演小动物的同学）请你们来看一看，同学们举起的动物名字对不对。如果正确的话，你就和大家一起大声读一读动物的名字好不好？

学生指认动物名称词卡，大声朗读，复习巩固。

（2）认读生字组成的新词。

师：同学们，在你们的词卡袋里还有一些词卡，你们会读吗？找到这张词卡跟老师读一读。

生：锦上添花。

师：再读读这张词卡。

生：凶猛。

师：这节课你们认识了那么多生字，真了不起，老师奖励大家做个猜谜语的游戏，谜底也藏在你们的词语卡片里。如果你猜出来了，就举起词语卡片，大家一起大声读一读。

谜语一：黑夜林中小哨兵，眼睛很像两盏灯，瞧瞧西来望望东，抓住"盗贼"不留情。

生：猫头鹰。

谜语二：头上红冠不用裁，满身雪白走将来。平生不敢轻言语，一叫千门万户开。

生：雄鸡。

师：这则谜语熟悉吗？

生：学过的古诗《画鸡》。

师：你们记得真清楚，这是我们一年级曾经学过的明代唐寅写的一首诗，题目是《画鸡》。

【设计意图】小组合作再现动物的名字,通过小组活动增强学生之间合作交流的能力,以游戏形式巩固识字成果,提高学习积极性,强化对动物名称和生字的记忆。猜谜语游戏,进一步巩固生字组成的新词,同时锻炼学生的思维能力和知识运用能力,增加学习的趣味性。

(四)送词回家,拍手读文

师:这些小动物你们都认识了,他们藏在课文里,你还能读准确吗?伸出小手,我们一边拍手一边再读《拍手歌》。

学生拍手,教师配乐,师生一起朗读课文。

【设计意图】让学生拍手朗读课文,将生字词融入课文语境中巩固复习,感受拍手歌的节奏和韵律,加深对课文内容的理解和记忆,增强语感。

(五)布置作业,课后延伸

师:还记得我们今天认识了哪些与动物有关的偏旁吗?

生:隹、鸟。

师:还有吗?

生:还有反犬旁。

出示:隹 鸟 犭

师:下面我们来看看课后作业。

出示作业:

1.在平时读书的过程中留意还有哪些带有"隹 鸟 犭"这三个偏旁的字。

2.想想还有哪些偏旁与动物有关。

师:老师发给每组的字卡有一些是空白的,你在课后还积累了哪些相关的汉字可以记录在空白字卡上,跟小伙伴互相交流。下节课我们继续认识更多的生字朋友,这节课我们就上到这。下课!

【设计意图】引导学生在平时读书中留意相关偏旁的字,培养学生在生活中主动识字的习惯,拓宽识字渠道,丰富词汇量。思考与动物有关的其他偏旁,激发学生对汉字的探究欲望,培养其归纳总结和拓展思维能力,让学习从课堂延伸到课后,实现知识的拓展和深化。

六、板书设计

拍手歌

鸟　黄鹂　锦鸡

隹　孔雀　雄鹰　大雁

熊　猫（生字范写）

第三节

随文识字，夯实基础

——二年级《雪孩子》教学课例

一、教材分析

　　《雪孩子》是统编小学语文教科书二年级上册的课文，这篇课文以童话的形式讲述了雪孩子为救小白兔而牺牲自己，最后变成云朵的故事。文本充满童趣，富有想象力，符合二年级学生的认知特点。在语言方面，文字简洁生动，运用了许多通俗易懂且形象的词汇，如"添柴""烧得旺""渐渐"等，既有助于学生识字学词，又能让学生在语境中理解词语的含义和用法，提升语言表达能力。此外，课文蕴含着深厚的情感教育价值，通过它学生能深刻体会到雪孩子所展现出的勇敢、善良、舍己为人的美好品质，以及雪孩子和小白兔之间真挚的友谊，这些内容对学生的情感价值观塑造具有重要意义。

二、学情分析

　　二年级学生喜欢听故事、读童话，这与《雪孩子》的课文类型相契合，能够激发学生的学习兴趣。在阅读能力上，他们具备了一定的朗读基础，但默读能力尚在培养阶段，对于篇幅较长的课文，在默读时还难以做到集中注意力并理解内容，需要教师的进一步引导。

三、教学目标

1. 认识"添、柴"等16个字，在语境中体会部分生字的意义和用法。会写"唱、旺"等6个字。

2. 了解课文的内容，明确课文所讲述的故事内容。

3. 能正确、流利地朗读课文，体会雪孩子和小白兔深厚的友谊。

◆ 教学重、难点：

识写生字，结合语境体会字义，学会运用。注意左窄右宽的结构，将字写得规范、端正。体会雪孩子和小白兔深厚的友谊，有感情地朗读。

四、教学准备

教学过程中需要使用的图片。

五、教学过程

（一）创设情境、导入新课

师：同学们，还记得一年级时我们学过一首小诗吗？这首小诗写的是什么？

出示小诗：

一片两片三四片，

五片六片七八片。

九片十片无数片，

飞入水中都不见。

生：雪。

师：下雪时，你们最喜欢做什么事？

生：我喜欢打雪仗。

生：我喜欢堆雪人。

生：我喜欢在平整的雪地里踩脚印。

师：看来你们都喜欢雪。今天我们就来认识一个新朋友——雪孩子。（板书课题）

【设计意图】借助学生已有的知识经验，唤起他们对雪的记忆，激发学习兴趣，自然地导入新课，为学生理解课文内容营造良好的氛围。

（二）教师范读、整体感知

师：听老师读读雪孩子的故事，老师读到哪里，你的眼睛看到哪里，试着在心中跟老师一起读。边听边思考：课文讲了雪孩子和谁的故事？

教师范读课文。

师：大家听懂这个故事了吗？课文讲了雪孩子和谁的故事？

生：雪孩子和小白兔的故事。

师：课文描写了小白兔和雪孩子的什么事呢？老师这里有几幅插图，请你根据课文插图，说一说这个故事？

教师出示五幅课文情节图，请学生根据情节图说说小白兔和雪孩子的故事。

生：小白兔的妈妈给小白兔堆了一个雪孩子。小白兔跟雪孩子玩，妈妈就出去了。小白兔玩累了，进屋睡觉。火把屋里的柴堆烧着了。雪孩子看见小白兔家着火了，就冲进屋子里把小白兔救了出来，可是他自己却融化了。小白兔的妈妈回来了。雪孩子变成了一朵美丽的云。

【设计意图】教师范读引导学生认真倾听，老师读到哪里，眼睛就看到哪里，试着在心中跟老师一起读，为后面学习默读做好了准备。让学生根据插图说故事，降低了讲述主要内容的难度，锻炼他们的观察力、想象力和语言表达能力，同时加深对课文整体情节的把握。

（三）自读课文，自主识字

1.学生自主识字。

师：同学们，你们都知道了雪孩子和小白兔之间的故事。看来，你们刚才一定边读课文边思考了。接下来,请大家借助拼音大声读一读课文,注意读准字音,读通句子,遇到读不通顺的地方多读几遍。

学生自由朗读课文。

师:请大家圈出认读字,与同桌说说你以前在哪儿见过这些字? 你怎样记住它们?

伙伴交流识记方法。

2.考查识字情况。

出示带拼音的认读字。

师:谁愿意当小老师领着大家读生字。

指名学生领读生字。

出示词语认读:添柴、渐渐、烧得旺、哎呀、冒出黑烟、烫人、终于、浑身、水淋淋、扑灭、激动

师:我们给这些生字在课文中找到了伙伴,大家一起读读这些词语吧!

学生齐读词语,教师相机纠正。

(四)随文识字、感悟理解

1.学习1—4自然段,初步尝试默读课文。

(1)学习默读课文。

师:刚才,同学们都跟着老师一起读过课文了。这篇课文特别长,老师教你默读课文的方法,这样读书更快也更便于我们思考。自己默读1—4自然段,在心里默默地读,嘴里不要出声音,也不要用小手指着书上的字。一会儿我们来交流你都读懂了什么?

学生尝试默读1—4自然段。

师:你读懂了什么?

生:兔妈妈给小白兔堆了一个雪孩子,让小白兔跟雪孩子一起玩。

生:我读懂了——下了好几天的大雪。

生:我知道了,雪孩子和小白兔一起唱歌、跳舞,玩得很开心。

生：我还知道小白兔玩累了，就回家睡觉了。

生：他还往火堆里添了柴。

（2）理解"柴""添"的含义。

师：你们读懂了那么多的内容，看来默读课文真的能帮助我们思考呢！小白兔往火堆里添了柴，你知道柴是干什么用的吗？

生：烧火用的。

出示柴堆图片。

师：是的，烧火可以取暖。这样小块的木头就是柴。谁来说说你怎样记住这个字？

生："柴"是木头，下面有个"木"字。

师：小白兔往火里添柴，那火里的柴就会比刚才——

生：多。

师：所以，"添"把柴也可以说成"加"把柴。这两个字还能组成一个词语——添加。我们把这些词语放到句子中读一读。

出示句子：屋子里真冷，赶快往火堆里添把柴吧！

屋子里真冷，赶快往火堆里加把柴吧！

屋子里真冷，赶快往火堆里添加几把柴吧！

师：你们有什么发现吗？

生："添"和"加"的意思是一样的。

师：是的，"添加"这个词语也是这个意思。

【设计意图】借助生活场景理解"柴"的意义，增强对汉字的直观认识，利用字形分析加深记忆。通过对比同义词，在句子情境中体会"添"的含义，丰富词汇储备，提升对字词的运用能力。

2.学习第五、六自然段，尝试带着问题默读。

（1）学习带着问题默读。

师：刚才同学们练习了默读，读懂了不少内容呢！下面请你默读五、六自然段，注意不出声音，在心里默默地读，头脑还要思考问题。请你想想，小白兔的家是怎样起火的？

学生自由默读课文。

师：谁读懂了？小白兔家是怎样起火的？

生：火把柴堆烧着了，屋子里就着火了。

【设计意图】引导学生学习默读有梯度。首先在教师范读环节初步培养学生心、眼、脑的统一，随后学习不出声、不指读，在心里默默地读，最后再让学生尝试带着问题默读，边读边思考。

（2）理解"烧""旺"字的含义。

出示句子：小白兔添了柴，把火烧得旺旺的，屋子里渐渐暖和了。

师：大家一起看看这个字——烧。还记不记得我们以前学过这个字。

出示生字："烧"和"浇"

师：这两个字长得多像啊！你们怎样区分它们，怎样记住它们呢？

生：烧火得有火，所以"烧"字左边是个火字。浇水需要用水，所以"浇"字的左边是三点水。

师：通过左边的偏旁，你们不仅区分了这两个字，还理解了这两个字的意思，真棒！这节课我们还认识了一个带"火"的字，是哪个？

生："烫"字。

师："烧"和"烫"都有火，它们的意思——

生：都与火有关。

师：我们以前还学过一个与火有关的偏旁，谁记得？

生：四点底。

出示生字：烧 烫 热

师：这三个字都有"火"，有的字"火"在左，有的字"火"在下，有的字"火"变成了四点底，但是它们的意思都与火有关。以后我们还会学习很多带有火字旁的字。你见过特别"旺"的火吗？

生：我奶奶做饭时，炉灶里的火烧得特别旺。

生：我有一次跟爸爸妈妈出去旅游，参加篝火晚会。篝火晚会的篝火烧得特别旺。

师：是的，不过"旺"字不光表示火势旺，还经常表示生活、家庭的兴旺。

【设计意图】将"烧"与"浇"对比，让学生依据偏旁区分，联系"烫""热"及四点底，结合生活中"旺"火的场景。目的是让学生利用偏旁表义特点，准确区分形近字，构建与火有关汉字的知识体系。

（3）理解"渐渐"的含义。

出示句子：屋子里渐渐暖和了。

师：火烧得旺旺的，屋里会怎样？

生：屋子里渐渐暖和了。

师：老师这里还有几个句子，也都有"渐渐"这个词语。

出示句子：小树渐渐长高了。我渐渐长大了。

师：你发现了吗？不管是屋子变暖和，小树变高，同学们变大了，都是——

生：一点儿一点儿发生变化的。

师：所以"渐渐"就表示慢慢变化，一点一点变化。再读读这个句子。

生：小白兔添了柴，把火烧得旺旺的，屋子里渐渐暖和了。

师：我听出来了，现在火烧得特别旺，屋里一点一点暖和起来了。

【设计意图】通过观察"屋子里渐渐暖和了""小树渐渐长高了""我渐渐长大了"等句子，引导学生发现变化特点。这些内容能让学生在具体语境中感受"渐渐"表示慢慢变化的意思，学会在不同情境下理解和运用该词，提升对词语的理解和运用能力。

（4）体会小白兔和雪孩子的情感。

师：小白兔在这么温暖的屋子里，会有什么感觉？

生：会很暖和。

生：会很舒服。

出示句子：他躺在床上，闭上眼睛，一会儿就睡着了。

教师引读。

师：小白兔躺在床上，回忆着刚才跟雪孩子玩的快乐情景——

生：闭上眼睛，一会儿就睡着了。

师：小白兔躺在床上，想着睡醒后还能跟好朋友雪孩子一起玩——

生：闭上眼睛，一会儿就睡着了。

（5）理解"哎呀"的用法。

师：大火是怎样烧起来的？

出示火把柴堆烧着的图片。

出示句子：火越烧越旺。哎呀，火把旁边的柴堆烧着了。

教师引读。

师：火越烧越旺，树上的小鸟看到了这样的情景，大叫起来——

生：哎呀，火把旁边的柴堆烧着了。

师：火越烧越旺，树上的松鼠看到了这样的情景，大喊起来——

生：哎呀，火把旁边的柴堆烧着了。

师：火越烧越旺，雪孩子看到了这样的情景，也大喊起来——

生：哎呀，火把旁边的柴堆烧着了。

师：火越烧越旺，同学们看到了这样的情景，也大喊起来——

生：哎呀，火把旁边的柴堆烧着了。

师：看到这样危险的场面，我们忍不住和雪孩子一起惊叹，大家都喊出了这个词——

生：哎呀！

师：难怪这两个字的左边都有口字旁呢！情况多么紧急啊，你们看，小白兔——

生：小白兔睡得正香，他一点儿也不知道发生了什么事。

师：如果，你就在小白兔身边，你会对小白兔说什么？

生:小白兔,快醒醒,着火了!

生:小白兔,小白兔,快醒醒吧! 火把柴堆烧着了!

生:小白兔,快起床,赶紧跑,着大火啦!

生:小白兔,快起床吧,再不跑来不及了!

师:老师听出你们的焦急语气了,谁能再读读这个自然段,把当时的场面读出来?

指名朗读。

师:听你们读了这篇文章,我仿佛看见了熊熊燃烧的烈火,我真替小白兔捏把汗啊。小白兔到底是怎样得救的呢? 我们下节课继续学习。

【设计意图】创设火越烧越旺,不同角色看到这一情景大喊的情境,让学生跟读。意图是让学生在模拟的紧急情境中,体会"哎呀"表达惊叹、焦急的语气,感受汉字在不同情境中的情感表达作用,增强语感和语言运用能力。

(五)复现生字、巩固练习

师:刚才我们一起读了课文,还认识了许多生字朋友。我们再把他们请出来见见面。

出示带拼音的生字认读。

师:去掉拼音了,还会读吗?

出示去掉拼音的生字认读。

师:老师给这些生字变换顺序,还会读吗?

出示改变顺序的生字认读。

师:我们来给它们找找新朋友。

出示生字组成的新词:增添、逐渐、烫手、兴旺、木柴、烧火

(六)发现规律、指导书写

师:接下来,我们写一写生字。

出示生字:唱、旺、浑、候、谁、汽

师:看看这几个生字,发现共同点了吗?

生：都是左右结构。

生：都是左窄右宽。

师：老师还要提示大家"唱"字的口字旁左上悬。右边怎样写才好看？

生：上面的"日"字小，下面的"日"字大。

生："日"字写得扁扁的。

师：是的，你们很善于观察。相同的部件，也要写出变化，这样字才更好看。

教师范写"唱"字。

师：其他几个字书写时还需要注意什么？

生：还要注意左右的高矮、大小。

生：还要注意伸展笔画。

学生自主书写，随后展示评价。

【设计意图】培养学生的观察能力，让学生掌握左右结构、左窄右宽字的书写规律，通过教师示范和学生实践，提高学生的书写水平，养成良好的书写习惯。

六、板书设计

雪孩子

玩　唱（范字）

小白兔

第三章

低段阅读启智，润泽童年心灵

语言是思维的工具,是一个人思维的外在显现。语言与思维紧密联系,总是同时产生,密不可分。因此,在阅读与鉴赏实践活动中,教师更应关注的是学生的思维活动,将促进学生语言与思维的共同发展作为课堂教学的最终目标。

系统梳理:从信息整合到理性思维的进阶

在阅读教学中,系统梳理是培养学生理性思维的重要途径。教师应指导学生聚焦文本,通过梳理信息帮助他们对文本内容形成整体感知,为后续的深入探究打下坚实基础。梳理并非简单的整理,而是一个蕴含理性思维活动的过程。在教学中,教师可以引领学生分析文本的结构框架,提炼关键信息,概括文本的主要内容,从而把握文本的主旨和脉络。通过这样的梳理活动,学生能够将零散的知识点结构化,使思维更具条理性和逻辑性。同时,教师应鼓励学生在梳理过程中发现语言的内在规律,如词语的运用、句式的结构等,从而深化对语言文字的理解和把握。系统梳理不仅有助于学生整合信息,更是一种思维从模糊到清晰、从经验迈向理性的进阶过程。通过这一过程,学生能够逐步提升理性思维能力,为日后的深度阅读和独立思考奠定基础。

思辨对话:批判性思维的语境孵化

在阅读教学中,思辨对话是培育学生批判性思维的关键环节。教师应设计真实任务,为学生搭建学习支架,引导他们在文本中寻找论据,有理有据地表达观点。在教学中可以设置开放性问题,鼓励学生对文本中的情节、人物或观点进行质疑和探讨。通过小组讨论、辩论或全班交流等形式,学生能够学会从不同角度分析问题,把握语言现象的特点和规律,领悟其表达效果。这种思辨过程不仅有助于学生深入理解文本,还能让他们学会在阅读中保持独立思考,勇于表达自己的见解。同时,教师应指导学生学会倾听他人的观点,尊重不同意见,通过观点的碰撞和交流,不断完善自己的思维。在这样的学习语境中,批判性思维得以孵化和成长,学生不仅能够更好地理解文本,还能将这一思维能力迁移到日常学习和生活中,形成独立、理性的思考习惯。

创作迁移:创造性思维的言语实践

学习语言的目的是运用语言,载体是言语实践活动。在阅读教学中,创作迁移是培养学生创造性思维的重要途径。教师可以开展多种言语实践活动,引导学生将阅读中的语言知识和思维方法转化为自己的表达。例如,续写和改编故事能够激发学生的想象力,角色扮演和情境模拟则让学生在体验中深化理解。创意写作,如写日记、诗歌或信件,鼓励学生从文本走向自我表达,拓展了思维的广度;创意故事会进一步拓展思维深度,激发灵感。通过这些创作迁移活动,学生不仅巩固了对文本的理解,在多样化的言语实践中提升了创造力和表达能力,实现了从阅读到创造的思维进阶。

雨前初识，探秘自然

——一年级《要下雨了》教学课例

一、教材分析

《要下雨了》是一篇有趣的科普童话。课文语言浅显，层次清晰，通过小白兔与燕子、小鱼和蚂蚁的对话展开故事情节，旨在引导学生通过观察大自然的一些奇妙现象了解天气变化。课文三段对话表达方式也基本相似，适合进行分角色朗读和语言训练。

二、学情分析

本课与学生的生活实际息息相关，趣味性强，可以在前两课学习的基础之上，引导学生自主尝试运用联系生活来了解词语的意思，从而更好地读懂课文内容。

三、教学目标

1. 认识"腰、坡"等13个生字，会写"吗、呀"等4个生字。
2. 能借助图片、联系生活实际等方式了解"阴沉沉、潮湿"等词语的意思。
3. 能正确、流利地朗读课文，读好问句和感叹句，能分角色读好课文的对话。

◆ 教学重点

认识"腰、坡"等13个生字，会写"吗、呀"等4个生字。联系生活实际了解词语的意思。

◆ 教学难点

结合语境体会字义，学会运用多种方法理解词语的意思。

四、教学准备

教学过程中需要使用的图片及词条教具。

五、教学过程

（一）激趣导入，联系生活体会课题含义

教师板书"下雨了"。

师：同学们，黑板上这个词语你们会读吗？一起读一读。

生：下雨了。

师："下雨了"说明雨已经——

生：雨已经下了。

教师出示：（ ）了

师：这样的词语谁还会说？

生：吃饭了。

师：哦，那说明饭——

生：已经吃了。

生：写作业了。

生：喝水了。

师：看来"……了"说明事件已经发生了。

教师补充课题为"要下雨了"。

师:读一读"要下雨了"跟"下雨了"有什么不一样?

生:"要下雨了"说明快下雨了,不过还没下呢。

师:哦,那要吃饭了,说明——

生:还没吃饭。

师:要写作业了,说明——

生:还没写作业。

师:看来"要……了"说明事情将要发生。"要下雨了"就说明——

生:还没下雨。

生:就快下雨了。

师:下雨你们肯定都见过。回忆下雨前天气有哪些变化?

生:下雨前会刮风。

生:下雨前阴天,没有太阳,天上黑黑的。

生:下雨前打雷。

师:看来同学们很善于观察生活。今天我们就来学习一篇跟下雨前的景象有关的课文,一起读课题——

生:要下雨了。

【设计意图】通过对比"下雨了"和"要下雨了",引导学生发现"要……了"表示事情将要发生,联系生活举例,如"要吃饭了""要写作业了"等,帮助学生理解这种表达方式,同时为理解课题含义奠定基础。引导学生回忆下雨前的天气变化,能唤起学生的生活经验,激发学生的学习兴趣,让学生对即将学习的课文内容产生亲切感和好奇心,自然导入新课。

(二)读通课文,整体感知故事主要内容

1.教师范读,了解故事内容。

师:认真听老师读课文,听清楚字音。想想小兔子遇到了哪些小伙伴?

教师范读课文。

师：我的课文读完了，小兔子到底遇到了哪些小伙伴呢？

生：小兔子遇到了燕子，还遇到了小鱼和蚂蚁。

师：你们同意吗？

生：同意。

师：说明刚才你们认真听老师读课文，也认真思考了。

2. 自主读文，读准读通。

师：接下来，请同学们读读课文。借助拼音读准字音，并读通句子。遇到难读的句子，反复多读几遍，直到读通为止。

学生自主朗读课文。

（三）自主识字，交流方法

师：课文都会读了吧？请大家在课文中圈出认读字，这些生字你是怎样记住的，跟同桌交流你的识字方法。

学生自主识字，交流识字方法。

师：生字都认识了吗？来看看这两个生字。

出示生字：闷、息

师：你们发现了什么？

生：这两个字都有"心"。

师：你记住了哪个字？

生：我记住了"闷"。把心关进门里，一定觉得很闷。

师：你会用"息"字组词吗？

生：休息。

师："息"字为什么也有"心"呢？

出示："息"字的甲骨文。

师："自"表示鼻子，"心"表示心脏。"息"表示呼吸时进出的气。鼻子呼吸，心脏跳动，人就有气息。

出示生字：潮、湿、沉、消

师：这几个字认识吗？谁能拼读。

生：cháo 潮　shī 湿　chén 沉　xiāo 消

师：仔细观察这几个字，你有什么发现吗？

生：这几个字都有三点水旁。

师：说明字的意思——

生：跟水有关系。

出示生字：腰、坡、伸、搬、响、呢

师：这些生字的意思也与它的偏旁有关系。你能说一说偏旁与意思有什么关系吗？

生：搬东西要用手，所以"搬"字是个提手旁。

生："腰"是身体的一部分，所以是月字旁。

生：伸手的"伸"，也是伸腰的"伸"，就说明是人的动作，所以是单人旁。

生：响声的"响"表示声音，所以是口字旁。

师："呢"字也有口字旁，它的意思跟什么有关。

生："呢"是发出的声音。

师：同学们找找课文哪个句子里有"呢"？

生：我正忙着捉虫子呢！

生：我们正忙着搬东西呢！

师：有什么发现吗？

生："呢"在句子的最后。

师：课文里像这样出现在句子最后，带有口字旁的字还有吗？

生：还有"呀"。

生：还有"吧"和"吗"。

师：像这样带有口字旁的字叫做语气词，它们出现在句子末尾，经常表示情感或者是语气。

生：我上次跟我妈妈去公园，看到一个小山坡。山坡上都是土，所以坡是土字旁。

师：你们看，很多汉字，我们一看到它的偏旁，就能知道它的意思跟什么有关，这样我们就能快速地记住这些生字了。

【设计意图】让学生圈出认读字并交流识字方法，鼓励学生自主思考、合作交流，培养学生的自主识字能力和合作精神。通过分析生字的偏旁与字义的关系，如"闷、息"与"心"有关，"潮、湿、沉、消"与"水"有关等，帮助学生理解汉字的构字规律，提高识字效率，让学生学会运用字形分析法记忆生字。

（四）精读课文，突破难点

1.学习第 1 自然段，理解"阴沉沉"等词语的用法。

（1）理解"阴沉沉"的意思。

出示课文插图：小白兔割草。

师：看看这幅图，此时天气怎么样？

生：阴沉沉的。

师：你们怎么发现天是阴沉沉的？

生：天上有很多乌云。

出示生活中阴天的图片。

师：你在生活中见到过这样的天气吗？

生：下雨前，我见过阴沉沉的天气。

生：有一次，要下雨了，天阴沉沉的。我在家里，感觉屋子特别黑，虽然是白天，但是就像快到晚上一样。

生：下雪前我也见过阴沉沉的天气。

（2）体会"弯腰""直起身子""伸了伸腰"的用法。

师：你们看看小白兔在干什么？

生：小白兔在割草。

师：小白兔怎样割草？

生：小白兔弯着腰割草。

师：他除了弯着腰，还做了什么动作？

生：它伸了伸腰。

生：它直起了身子。

教师请一位学生到讲台前做动作。

师：你先来做做"弯着腰"的动作吧。有什么感觉？

生：没什么感觉。

师：那说明你割草的时间太短了。（过了一会儿）现在有什么感觉？

生：感觉腰很酸。

师：那你"直起身子"来，再"伸伸腰"。现在感觉怎样？

生：腰不酸了。

师：看来小白兔割草还挺辛苦的。你能带着刚才的体会来读一读这个自然段吗？

学生朗读第一自然段。

师：同学们，请你们一边做着动作，体会着小白兔割草的辛苦，一边来读一读这个自然段。

全班一起朗读。

【设计意图】展示课文插图和生活中阴天的图片，引导学生理解"阴沉沉"的意思，联系生活实际，让学生更直观地感受词语所描绘的天气状况，增强学生对词语的理解和运用能力。让学生模仿小白兔割草的动作，体会"弯腰""直起身子""伸了伸腰"等动作，能让学生更深刻地理解课文内容，感受小白兔割草的辛苦，同时通过朗读加深对课文的理解和感悟。

2.指导朗读小白兔和燕子的语言。

师：刚才通过读故事，我们知道小白兔见到了燕子、小鱼、蚂蚁这几位伙伴。接下来请同学们自己读一读描写小白兔和燕子见面的内容，看看小白兔对燕子说了什么，燕子又是怎样回答的？

生：小白兔大声喊："燕子，燕子，你为什么飞得这么低呀？"燕子边飞边说：

"要下雨了，空气很潮湿，虫子的翅膀沾了小水珠，飞不高。我正忙着捉虫子呢！"

师：谁愿意扮演小白兔再来读读它说的话？

生：燕子，燕子，你为什么飞得这么低呀？

生：燕子，燕子，你为什么飞得这么低呀？

……

教师进入角色与扮演小白兔的学生对话。

师：我想采访采访这只小白兔。你跟燕子说话这么大声干什么呀？

生：因为课文里说了"小白兔大声喊"。

师：你关注到了提示语。再读读前面的文字和后面的文字，你们还有什么发现吗？

生：前面那句话说"小燕子从他头上飞过"。小燕子在天上飞，离小白兔很远，所以它得大声喊。

生：后面的句子说"小燕子边飞边说"。它一边飞一边说，所以小白兔得大声跟小燕子说话，它才能听得见。

师：是呀，你们看，联系上下文理解，我们就更能读懂课文的内容了。你们一起扮演小白兔，再来读读它说的话吧！

生一起朗读。

师：小白兔们，你们看见燕子飞过，你们特别想知道什么？

生：它为什么飞得这么低呀？

师：谁再来问问小燕子？

生：燕子，燕子，你为什么飞得这么低呀？

师：你们听出来他想知道什么了吗？

生：听出来了。

师：那说明他问得特别好。他读好了问句，让你们一听就听出来他想知道什么了。还有谁也想来问问小燕子？

指名几位学生朗读，读好问的语气。

【设计意图】教师进入角色与扮演小白兔的学生对话，能营造生动的课堂情境，让学生仿若置身于课文故事之中。这种沉浸式体验，加深了学生对角色的理解和情感共鸣，更真切地感受小白兔当时好奇、急切的心情，为读好对话奠定情感基础。引导学生关注提示语"大声喊"，并联系上下文"小燕子从他头上飞过""小燕子边飞边说"来理解小白兔大声说话的原因，培养学生通过文本细节获取信息、分析问题的能力，让学生明白阅读时不能孤立地看句子，要结合前后文理解，从而提高阅读理解能力。

3. 理解"潮湿"一词的含义。

师：燕子是怎样回答的？

生：燕子边飞边说："要下雨了，空气很潮湿，虫子的翅膀沾了小水珠，飞不高。我正忙着捉虫子呢！"

师：刚才学习生字时，大家认识了"潮湿"这个词。你们读读。

生：潮湿。

师：翘舌音读得很准确。两个字都是三点水，说明什么？

生：说明这两个字的意思和水有关。

师：潮湿是什么感觉的？你们想试试吗？

教师用喷水的小瓶子向学生喷水，体会"潮湿"的感觉。

师：什么感觉？

生：感觉湿湿的。

师：这就是"潮湿"，再"潮湿"一点。

教师对某一学生的手多喷一些水。

生：有水珠（学生甩甩手）。

师：是啊，空气很潮湿，就说明空气里有很多小水珠呢！出现小水珠的原因就是——

出示词条："空气很潮湿"

师：刚才空气潮湿，有的同学手上出现了小水珠。要下雨了，空气很潮湿，所以——

出示词条："虫子的翅膀沾了小水珠"

随后，出示词条："要下雨了""飞不高""我正忙着捉虫子呢"

【设计意图】从"潮湿"的字音、字形到字义，层层深入展开教学，意在引导学生关注偏旁，联系生活经验理解词语。为后面理解因为空气潮湿，所以虫子的翅膀上沾了很多小水珠，从而导致虫子飞不高做了铺垫。

4.给词条排序，明白燕子低飞的原因。

师：同桌互相读读这几个短句，然后给句子排排队，并说说这样排序的理由。

同桌合作排序，互相说说理由。请学生到到黑板前演示排序，说理由。

生：要下雨了，所以空气很潮湿，虫子的翅膀上沾了很多小水珠，虫子飞不高，燕子捉虫子吃，所以燕子也要低飞。

师：同学们跟他想的一样吗？空气潮湿是因为——

生：要下雨了。

师：虫子飞不高是因为——

生：虫子的翅膀沾了小水珠，它就飞不动了。

师：燕子低飞是因为——

生：燕子捉虫子吃。

师：是呀，读了小燕子的话，同学们懂得了那么多的科学知识。

师生、生生分角色朗读小白兔和小燕子的对话。

【设计意图】通过让学生对"要下雨了""空气很潮湿""虫子的翅膀沾了小水珠""飞不高""我正忙着捉虫子呢"这些词条进行排序，引导学生梳理燕子低飞这一自然现象背后的因果关系，帮助学生深入理解课文中所蕴含的科学知识，让学生清晰认识到下雨前一系列现象之间的内在联系，加深对课文内容的记忆与理解。排序过程需要学生分析每个词条之间的逻辑关联，判断先后顺序，这一过程能够有效锻炼学生的逻辑思维能力。学生在思考、讨论和排序的实践中，学会有条理地分析问题，逐步构建起逻辑思维框架，提升思维的严谨性和逻辑性,为今后学习更复杂的知识奠定基础。

(五)观察生字,书写指导

师:刚才我们认识了几个能帮助我们表达语气的词,同学们也发现这几个词都有一个共同点了——

出示生字"吗、呀、吧"

生:都是口字旁的字。

师:请你先观察口字旁的字,发现了什么?

生:这些字都是左窄右宽的结构。

生:而且是左小右大。

师:老师还要提示大家口字旁的字,口字左上悬。"呀"字右边的一撇,"吗"字右边的一横,都穿插到了口字旁的下面。

教师范写生字。

师:还有一个生字,也有"口"字,你们发现了吗?

生:加。

师:这个字里的"口"和我们刚才学过的生字里的"口"有什么不一样?

生:"加"字"口"在右。

生:"加"字"口"写得大一点。

生:"加"字"口"写在中间。

师:是的,你们很善于观察,相信大家能把这几个字都写端正。请你在书上练习书写这几个字,描红一个,书写一个。

投屏反馈书写,随后引导学生进行小组内评价。

师:根据伙伴的评价再写一个,看看自己能不能写得更有进步。

【设计意图】引导学生观察"吗、呀、吧"等口字旁生字的结构特点,如左窄右宽、左小右大、口字旁左上悬等,以及笔画的穿插关系,培养学生的观察能力。

六、板书设计

要下雨了

燕子　小鱼　蚂蚁

吗　呀　吧　加（生字范写）

妙笔生花，情感流淌

——二年级《玲玲的画》教学课例

一、教材分析

《玲玲的画》是一篇贴近学生生活实际的课文，文中的故事仿佛就是发生在学生身边的一样。课文层次清楚，线索明朗，既可通过画的变化来整体把握文本，又能以玲玲心情的变化为线索来走近人物内心。文章语言简单质朴、浅显易懂。通过"得意地端详""伤心地哭了""满意地笑了"这些词语，能清楚地感受玲玲心情的变化，文中有大量玲玲和爸爸的对话，只要体会了玲玲的心情，就能引导学生有感情地读好对话。因此"体会玲玲的不同心情，学习用普通话正确、流利、有感情地朗读课文。"是本课的教学重点。

二、学情分析

爸爸的那段话"好多事情并不像我们想象的那么糟。只要肯动脑筋，坏事往往能变成好事。"对于二年级的学生来说却不好理解。因此，"懂得生活中只要肯动脑筋，坏事往往也能变成好事的道理。"是本课的教学难点。

三、教学目标

1.认识"玲、详、幅、奖、催"等15个字。会写"评、奖、幅、报、纸"五个字，注意书写时做到规范、端正、整洁。

2.体会玲玲心情的变化，学习用普通话正确、流利、有感情地朗读课文，尝试用"得意、伤心、满意"三个词语讲故事。

3.懂得生活中只要肯动脑筋，坏事往往也能变成好事的道理。

◆ **教学重点**

体会玲玲心情的变化，读好人物对话，学习用普通话正确、流利、有感情地朗读课文。尝试用"得意、伤心、满意"三个词语讲故事，讲清楚出现这些心情的原因。

◆ **教学难点**

懂得生活中只要肯动脑筋，坏事往往也能变成好事的道理。

四、教学准备

教学过程中需要使用的图片及教具。

五、教学过程

（一）学习生字，导入新课

1.学习"玲"字。

师：今天我们一起来学习第5课，看老师写课题。（板书"玲"字）这个字认识吗？

生：认识。念"玲"。

师：左边的偏旁是——

生：王字旁。

师：老师告诉你们，这个偏旁以前叫"斜玉旁"。它是由"玉"字变来的，"玉"字的"点"和"横"变成了"提"。伸出手跟老师一起写写"玲"字。

学生书空。

师:左边是斜玉旁,右半部分是个"令"字,"玲"是玉石撞击发出的清脆悦耳的声音,许多女孩子的名字里都有这个字。一起读读——

生:玲玲。

师:同学们注意了第二个字读轻声,真棒。

2. 补全课题"玲玲画画"。

师:看老师把课题补充完整。(板书:玲玲画画)

生:老师您写错了。

师:哦,哪里错了?

生:老师写的"玲玲画画",书上的课题是"玲玲的画"。

师:"玲玲画画"和"玲玲的画"意思差不多啊?

生:不一样。

师:有什么不一样?

生:"玲玲画画"指的是玲玲画画的动作,"玲玲的画"指的是玲玲画的画。

师:还真是不一样。你们看,表达方式不一样,意思就不一样,就连同一个"画"字,出现在不同的地方,意思——

生:也不一样。

师:第一个"画"是指——

生:动作。

师:第二个"画"是指——

生:画的画。

师:听老师读一读,你还有什么发现? 玲玲画画,听出不同了吗?

生:听出来了。第二个"画"有儿化音。

师:同一个"画"字,出现在不同的地方,意思不一样,读法也不一样。

教师把课题改正确。

师:下面跟老师一起读一读正确的课题吧。

生：玲玲的画。

【设计意图】本单元语文园地的"识字加油站"板块,列举了很多动词加名词的构词特点的短语,旨在引导学生联系生活实际,体会构词特点。本课第一自然段和第六自然段都出现了两个"画"字,且意思不同,有的作名词,有的作动词,在揭示课题时先引导学生关注到这个问题,为后面的学习做了铺垫。

（二）初读课文,集中识字

1.教师范读课文,学生自主识字。

师：请同学们把书打开,听老师读一读课文,边听边圈出认读字。

教师范读课文。

师：认读字都圈出来了吗?

生：圈出来了。

师：老师再给你点时间,请你借助书下注音,把这些认读字好好读一读、记一记,一会儿我们比一比,看谁记得最清楚。

学生自主识字。

2.检验识字效果,学习生字书写。

师：同学们都记住它们了吗?

生：记住了。

师：那我们来做几个小游戏。

选字、拼字游戏：

出示：①玲玲得意地端（　　）着自己画的《我家的一角》。

样　洋　详

师：这几个字长得这么像,到底哪一个是正确的呢? 谁来指一指? 同学们来看看他选得对不对。

学生指出正确的字。

师：她找对了吗?

生：找对了。

师:请你来把这个句子读一读,好吗? 男生一起读一读。

出示:②这( )画明天就要参加评奖了。

福　副　幅

学生指出正确的字。

师:你能读一读这句话吗? 女同学一起再读读这个句子吧。"评奖"这个词也是这节课的生字,我们来写一写。谁能说说写这两个字需要注意什么?

生:"评"是左右结构,"奖"是上下结构。

生:"评"字左窄右宽。

师:是的,老师还想提示大家,"评"字折笔写直竖伸长,左右穿插讲避让。左略窄、右略宽,结字紧凑记心上。"奖"字下面的"大"字撇捺要舒展。

学生书写,大屏幕展示。学生评价。

师:这节课,我们还要学习几个像"评"字一样,也是左右结构的生字。大家看看跟"评"字有什么相同点和不同点吗?

生:都是左窄右宽的结构。

生:"评"字左边的言字旁比较小。"幅""报""纸"它们左边的偏旁都比较大。

师:你们观察得特别仔细,这三个字没有左右穿插避让的笔画,跟"评"字也不太一样。下面大家自己尝试写好这三个字。

【设计意图】"评"字在书写时存在穿插和避让的问题。一年级指导书写我们应关注字的笔画笔顺,二年级则应关注字的结构。学生学习了很多左窄右宽的字,因此写好这一类字对于他们来说不算困难,在这里教师就应把教学重点放在指导写好穿插、避让。

zāng

出示:③就在这时候,水彩笔啪的一声掉到了纸上,把画弄( )了。

目　月　土　庄　力

师:读一读这个句子。先来拼一拼,这个字读——

生：zāng

师：哪两个偏旁能组成"脏"字？

学生指出。

师：我们一起读一读这句话。

出示：④"玲玲，时间不早了，快去睡吧！"爸爸又在崔她了。

师：读读这个句子，有什么发现吗？

生："崔"字错了。

师：怎么错了？

生：少了单人旁。

教师课件改正。

师：我们一起读一读。同学们会读这么多句子，真棒！下面我们再来做个抢答游戏。你在屏幕上看到了什么就大声读出来，看看谁的反应最快。

出示词语：端详　这幅画　又在催她　弄脏　懒洋洋

　　　　　懒洋洋　伤心　报纸　那么糟

师：再增加点难度好不好？我们把生字朋友单独请出来。

出示生字：详　幅　催　脏　懒　伤　报　糟

师：谁当小老师，领着大家读读这些字？

学生领读。

师：你记住了哪个字？你怎么记住的？

生：我记住了一幅画的"幅"，把"富"字的宝盖头换成"巾"就是"幅"字。

师：他是用换偏旁的方法记字的。

生："脏"还读 zàng，心脏的"脏"，跟身体有关，所以是月字旁。

生：我记住了"催"字，催是人在催，所以左边是单人旁。

师：单人旁右边的字读——

生：还读崔。

师：你们看这些字左边的偏旁都是表示字的——

生：意思。

师：右边的偏旁都是表示字的——

生：声音。

师：这样的字我们就叫它——

生：形声字。

师：利用形声字的记字方法，你们一下子就记住了这么多字，真是太棒了！

【设计意图】按照由句到词再到字的顺序识字。让学生先在语言环境中识字，然后再逐渐增加难度，符合学生的认知规律。"详、幅、催、脏"等字都是形声字，引导学生按照形声字的规律识记生字，教会学生识字方法。

（三）梳理文章脉络，整体感知内容

师：这篇课文的题目是——

生：玲玲的画。

教师出示三幅画，分别是玲玲最初的画、弄脏的画以及修改后的画。

师：老师也带来了几幅画，你来看看，哪幅是玲玲的画？

生：都是。

师：具体说说。

生：这一幅是玲玲弄脏的画，这一幅是开始的画，另一幅是画上了小花狗的画。

师：看到这三幅画，玲玲的心情也不一样呢。她的心情是怎样变化的，请你默读课文找一找。默读的要求是不出声、不动唇、不指读。

学生默读课文。

师：老师这里有玲玲的表情符号，请你贴到对应的画上。同学们看看他们贴得对不对。

学生贴表情符号。

师：看到这幅画，玲玲的心情——

生：开心。

师：看到这幅画，玲玲的心情——

生：伤心。

师：看到这幅画，玲玲的心情——

生：高兴。

【设计意图】本文有两条线索，一是画的变化，二是玲玲心情的变化。抓住这两条线索，学生更容易整体感知课文的主要内容。

（四）细读课文，感悟心情

1.学习1—3自然段，体会玲玲得意的心情。

（1）理解"端详"的意思，读出人物心情。

师：课文哪个自然段写了玲玲看到这幅画很开心，谁来读一读？

指名朗读第一自然段。

师：玲玲满意地端详着自己的画，（教师做动作）她肯定是一边仔细地看一边——

生：想。

师：会想些什么？

生：我的画能不能得一等奖啊？

生：再画点什么让画更美。

师：玲玲喜欢自己的画吗？

生：特别喜欢。

师：从哪个词知道的？

生：得意地端详。

（教师板书：得意）

师：一边欣赏自己的画，一边想自己的画画得多棒啊，对自己的画特别喜爱，这就是——

生：得意地端详。

师：你能读出玲玲高兴的心情吗？

指名朗读

【设计意图】"端详"一词对于二年级的学生来说不好理解,"得意地端详"不仅是仔细地看,还包含了喜爱之情。因此让学生想象玲玲端详自己的画同时会想些什么、说些什么,其实也是为了引导学生体会玲玲对自己的画十分喜爱、满意,进而读出高兴的心情。

(2)发现两个"画"字读法和意思的不同。

师:读了这个自然段你还有什么发现吗?

生:玲玲明天就要参加评奖了。

师:听老师来读读这个自然段,看看你有什么发现。

生:我发现第二个"画"字读了儿化音。

师:那前面呢?

生:还有一个"画"字。

师:两个"画"意思一样吗?

生:不一样。

师:知道意思不一样,我们就能读好。谁再来读读这个自然段?

指名朗读。

2.学习第4自然段,体会玲玲伤心的心情。

师:开始玲玲的心情那么高兴,后来怎么就伤心了呢? 谁来读一读?

指名朗读第四自然段。

师:水彩笔啪的一声掉到了纸上,说明这件事发生的怎样?

生:突然。

师:能把事情来的突然读出来吗?

学生齐读。

师:精心准备的作品弄脏了,玲玲多伤心啊,谁能读出玲玲的伤心?

指名朗读。

师:想象着玲玲难过的样子,我们多同情她啊,谁能带着同情的心情再来读一读？

指名朗读并纠正"啪"的字音。

师：听到玲玲的哭声，我们真是同情她，替她惋惜，把这句话读给玲玲听。

（教师板书：伤心）

【设计意图】"啪"这个拟声词，特别形象地写出了事情发生得突然。抓住这个词，容易让学生体会人物的心情，朗读好句子。

3.学习 5—8 自然段，体会玲玲满意的心情。

（1）读好对话，体会人物心情。

师：玲玲最后为何又满意地笑了呢？

生：爸爸告诉他在弄脏的地方画了只小花狗。

师：你是从文中的哪知道的？ 我们一起找一找爸爸是怎么说的？

生：在这儿画点儿什么，不是很好吗？

师：你们听懂爸爸的意思了吗？ 爸爸的意思是：在这儿画点儿什么，好不好？

生：好。

师：谁能读读爸爸的话，让我们听懂爸爸的意思。

指名朗读反问句。

【设计意图】理解了这个反问句表达的意思，就能读出爸爸为玲玲出主意、提建议的语气。

师：爸爸之所以这样提醒玲玲，是因为玲玲前面说了什么？

生：我的画弄脏了，另画一张也来不及了。

师：读了玲玲的话，你们有什么发现？

生：这句话两个"画"字读法不同。

师：请你读读这句话。大家还有什么发现？ 玲玲是怎样说这句话的？

生：玲玲是哭着说的。

师：你是怎么知道的？

生：前面说"玲玲伤心地哭了"

师:他联系前面的文字知道玲玲是哭着说的,还从哪里知道?

生:后面爸爸说"别哭,孩子"。

师:同学们,你们看,联系上下文,虽然没有提示语,我们也能体会出人物的心情,这真是学习的好方法。如果你是玲玲,看到自己的画脏了,你怎样哭着说?

指名朗读。

【设计意图】课标关于第一学段的要求是联系上下文和生活实际理解词句的意思。上文说"玲玲伤心地哭了",下文爸爸说"孩子,别哭"。由此可以看出玲玲是哭着说话的,在这里把联系上下文理解词句意思的方法教给学生。

师:老师也想跟你们一起读,我来扮演爸爸,同学们一起扮演玲玲好不好?

师生分角色朗读。

师:"怎么了,玲玲?"爸爸放下报纸问。

生:"我的画弄脏了,另画一张也来不及了。"

师:爸爸拿起画,仔细地看了看,说:"别哭,孩子。在这儿画点儿什么,不是很好吗?"

师:去掉提示语还能读吗?谁想跟老师配合?

师生分角色朗读。

师:玲玲,时间不早了,快去睡吧!

生:好的,我把画笔收拾一下就去睡。

师:我怎么没听到哭声?

学生模仿玲玲哭。

师:怎么了,玲玲?

生:我的画弄脏了,另画一张也来不及了。

师:你的画是怎么弄脏的?

生:我把水彩笔掉到纸上,把画弄脏了。

师:为什么另画一张也来不及了?

生:因为明天就要参加评奖了。

师：别哭，孩子。在这儿画点儿什么，不是很好吗？

师：同学们，下面同桌一起像刚才我们那样分角色读一读，边读边体会玲玲的心情。

同桌分角色朗读并汇报。

【设计意图】在分角色朗读过程中，教师问画是怎么弄脏的，为什么另画一张来不及了？考查学生是否读懂了前文的内容。也为后面讲故事时讲清楚心情变化的原因作了铺垫。

（2）体会"满意地笑了"背后的原因。

师：玲玲最后为什么满意地笑了？

学生自读。

生：玲玲在弄脏的地方画了一只小花狗。

（教师板书：满意）

出示：花狗眯着眼睛，在楼梯上。

小花狗眯着眼睛，在楼梯上。

小花狗眯着眼睛，趴在楼梯上。

小花狗眯着眼睛，懒洋洋地趴在楼梯上。

师：读了这个句子，有什么感觉？

生：小花狗可爱。

师：能读出小花狗可爱的样子吗？

指名朗读。

师：这些词语让小花狗更可爱、更生动了。小花狗也让这幅画变得更有趣、生动。看到这幅画，玲玲——

生：满意地笑了。

【设计意图】让学生先说一说玲玲为什么满意地笑了，课文学到这，学生很容易理解，玲玲笑了是因为画又变好了。为后面理解玲玲还因为动脑筋解决问题而满意地笑了作铺垫。

师：读了爸爸的这段话，你一定能更深刻地理解玲玲还因为什么满意地笑了。

出示：好多事情并不像我们想象的那么糟。只要肯动脑筋，坏事往往能变成好事。

师：爸爸的话是想告诉我们遇事要——

生：动脑筋。

（板书：肯动脑筋）

师：玲玲满意地笑了，除了因为自己的画变漂亮了，还因为——

生：动脑筋。

师："满意地笑了"比"得意地端详"——

生：更满意。

师：读了爸爸的话，我们懂得了一个深刻的道理，好多事情——

生：并不像我们想象的那么糟。只要肯动脑筋，坏事往往能变成好事。

【设计意图】读了爸爸的话，又书写了"肯动脑筋"这个词语，学生很容易理解玲玲还因为动脑筋解决问题而满意地笑了。这样也就轻松突破了难点：懂得生活中只要肯动脑筋，坏事往往也能变成好事的道理。

（3）根据人物心情变化讲故事。

师：同学们都能背下来了，真不简单。谁能看着图片，想象着玲玲当时的心情，用上这些词语，把这件事情讲一讲？

指名学生讲一讲。

师：听他讲了这个故事，你知道玲玲为什么开始很得意，后来伤心地哭了，最后又满意地笑了吗？

生：因为一开始玲玲画得很好，所以她很得意。后来水彩笔啪的一声掉到画上，把画弄脏了，她就伤心地哭了。最后玲玲在画上画了一只小花狗，她的画又变好了，她就满意地笑了。

师：看来在讲这个故事的时候，我们不仅要讲出玲玲心情的变化，还要把她的心情为什么这样变化也讲清楚，这样别人就能听懂这个故事了，对吗？老师希望同学们能牢记爸爸的话，做一个爱动脑筋的好孩子。

【设计意图】把本课的故事内容讲清楚，不仅要讲出玲玲心情的变化，更重要的是把为什么发生这样变化的心情讲出来。教学中，通过生生之间的评价引导学生发现讲清心情变化的原因，才能使故事内容更清楚明白。这样也能更好地引导学生认真倾听他人的语言表达，提升自己的思维能力。

六、板书设计

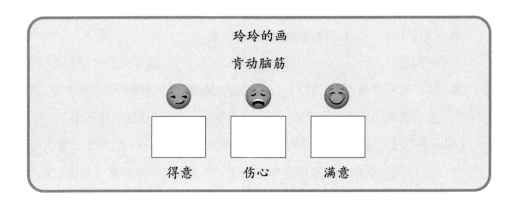

第三节

山水诗意，文化浸润

——二年级《日月潭》教学课例

一、教材分析

《日月潭》是统编小学语文教科书二年级上册的一篇写景散文。文章文质兼美，它用优美的语言描绘了日月潭的秀丽风光。从内容上看，课文结构清晰，表达了对日月潭的赞美之情，能激发学生对祖国宝岛台湾的热爱和对大自然的向往。在语言表达上，运用了大量生动形象的词语和比喻的修辞手法，如"群山环绕""树木茂盛""湖水碧绿""好像披上轻纱"等，生动形象地写出了日月潭的美感，使日月潭的形象更加直观，易于学生理解和想象。因此，教学中教师应重点引导学生体会作者的语言精妙。

二、学情分析

二年级学生受年龄和生活经验限制，亲自游历日月潭的可能性不大。在教学中，教师要引导学生透过语言文字展开想象，体会日月潭的美。考虑到二年级学生的认知水平有限，对于一些抽象的词语，如"群山环绕""名胜古迹"等，理解起来会有一定困难，需要教师借助直观的图片、实物演示或联系生活实际等方式帮助其理解词语含义。在朗读方面，他们虽能做到正确、流利，但要读出感情，尤其是日月潭的水、岛、环境的独特美意，还需要教师进行有针对性的指导和示范，激发他们对祖国宝岛台湾的喜爱向往之情。

三、教学目标

1. 认识"潭、湖"等 15 个生字。将"胜、现、湾"三个生字写得规范、端正。

2. 学习正确、流利地朗读课文，在课文语境中理解"树木茂盛""群山环绕"等词语的意思。

3. 感受日月潭的水美、岛美、环境美。

◆ 教学重、难点：

识写生字，体会形声字构字的特点。感悟左右结构汉字的结构特点，写出左窄右宽。在课文语境中理解词语的意思，体会日月潭的美。

四、教学准备

教学过程中需要使用的图片、教具等用品。

五、教学过程

（一）导入新课，了解台湾省在我国的地理位置

教师出示中国地图。

师：同学们，你们看这是什么？

生：地图。

师：这是中国地图。我们来找找家乡——天津。

学生指认天津的位置。

师：这里是什么地方？

生：台湾省。

出示一年级学过的儿歌：

一只船，扬白帆，飘呀飘呀到台湾。

接来台湾小朋友,

到我们学校来参观。

伸出双手紧紧握,

热情的话儿说不完。

师:还记得我们学过的儿歌吗? 我们欢迎台湾省的小朋友,远在台湾省的小朋友也非常欢迎我们。他们邀请我们一起到著名的日月潭去看一看。今天我们学习《日月潭》,看老师写课题。(板书课题"日月潭")

【设计意图】从中国地图引入,让学生指认家乡和台湾位置,唤起学生已有生活经验,增强对地理位置的感知;借助一年级儿歌,自然引出课题,激发学生对台湾日月潭的好奇与向往,为后续学习营造积极氛围。

(二)读文识字、交流识字方法

1. 教师范读,听清字音。

师:同学们,现在请大家认真听老师读课文,注意听清楚每个字的读音。

(教师范读课文)

2. 自读课文,圈画生字,交流方法。

师:听清楚了吧? 现在请大家自己读一读课文,遇到不认识的字可以借助拼音帮忙。读不通顺的地方多读几遍,直到读通顺为止。

(学生自读课文)

师:课文都会读了,现在请大家圈出本课的认读字,自己拼一拼、读一读。然后和同桌交流一下,你是怎样记住这些字的。

(学生自主识字并交流)

3. 识记生字,感悟形声字构字规律。

师:这些生字都认识了吗?

生:认识了。

师:老师来考考你。

出示生字:湖　潭　湾

师：你是怎样分辨这三个字的？

生：都是三点水旁。

生："湖"字的右边还念"胡"hú。

生："湾"字的右边还读"弯"wān。

师："潭"字右边的字认识吗？"覃"也读tán。这三个字都有三点水，说明——

生：意思都和水有关。

出示生字：纱　绕

师：很好！那这两个字呢？

生：它们都有铰丝旁。

出示生字：围

师：你怎么记住它？

生：围是全包围结构，外面是"囗"，里面是"韦"。外面的框子把里面的部分围起来了。

师：你结合字形记住了这个字。

出示生字：湖　潭　湾　纱　绕　围　胜　境　茂　客

师：这些字一部分表示意思，一部分表示读音。运用这种方法，我们能一下子认识好多汉字。

再补充出示生字：盛　央　岛　童　引（学生齐读）

师：这些字里有两个字的读音是一样的，你发现了吗？

生：盛和胜都读shèng。

师：这个"胜"是——

生：胜利的"胜"。

师：这个盛是——

生：茂盛的"盛"。

【设计意图】通过对比分析生字，引导学生发现形声字特点，帮助学生掌握一种高效识字方法，提高自主识字能力，增强对汉字文化的理解与热爱。

(三)理解词语,感悟用法

师:我们给这些生字找朋友。

出示词语:日月潭 光华岛(指名读)

出示词语:周围 中央(齐读)

师:坐在教室中央的是哪个同学?

生:是我。

师:你周围都有谁?

生:我前面是宋××,后面是张 ××,左边是袁××,右边是王××。

师:哦,原来坐在你前、后、左、右的同学都是你周围的同学。

出示词语:湖水 群山 树木(指名读)

师:日月潭的湖水——

生:碧绿。

师:群山——

生:环绕。

师:树木——

生:茂盛。

师:我们一起来读读这些四字词语吧!

生:湖水碧绿、群山环绕、树木茂盛。

出示词语:轻纱 童话 仙境 吸引 游客 名胜古迹(齐读)

【设计意图】将生字组成词语认读,在具体语境中理解词义,加深对生字的记忆;结合生活实例解释词语,使抽象概念具体化,便于学生理解和运用。

(四)指导读好句子

1.读好带有四字词语的句子。

出示句子:日月潭是我国台湾省最大的一个湖。

　　　　　日月潭很深,湖水碧绿。

师:词语会读,这些句子你们一定也能读好。

出示句子：那里群山环绕，树木茂盛，周围有许多名胜古迹。

师：这个句子里有好几个四字词语，读好四字词语就能读好这个句子，先听老师读一读，谁能学着老师的样子读一读？

出示句子：湖中央有个美丽的小岛，叫光华岛。

日月潭风光秀丽，吸引了许许多多的中外游客。

学生朗读句子。

2. 指导读好长句子。

出示句子：小岛把湖水分成两半，北边像圆圆的太阳，叫日潭；南边像弯弯的月亮，叫月潭。

师：这个句子很长，我们曾经学过怎样读好长句子。由读好词到读好句，我们可以把每个分句读好，注意标点。老师给他们重新排排队。

出示：小岛把湖水分成两半，

北边像圆圆的太阳，

叫日潭；

南边像弯弯的月亮，

叫月潭。

师：你看，我们把长句子分成一部分一部分去读，读得那么有节奏。

出示句子：要是下起蒙蒙细雨，日月潭好像披上轻纱，周围的景物一片朦胧，就像童话中的仙境。

师：学会了读长句子的方法，这个长句子你一定能读好。

【设计意图】通过练习读句子，巩固字词学习成果，提高学生朗读能力；对长句子进行拆分指导，让学生掌握朗读长句的技巧，培养语感。

（五）学习课文一、二自然段

1. 学习第一自然段。

（1）总体了解日月潭。

教师引读。

师：日月潭是——

生：我国台湾省最大的一个湖。

师：它在——

生：台湾省中部的山区。

师：那里——

生：群山环绕,树木茂盛,周围有许多名胜古迹。

师：读了第一自然段,你知道了什么？

生：我知道了日月潭在里哪。

生：我知道日月潭很美。

生：我知道日月潭是一个湖。

（2）体会日月潭的美。

①理解"群山环绕"。

师：刚才有同学读出了日月潭很美,日月潭哪儿美？

生：日月潭群山环绕,特别美。

教师出示黑板贴图,引导学生摆出"群山环绕",从而理解其意。

师：你觉得怎样的山叫做群山环绕？ 你来摆一摆。

指名学生摆一摆。

师：群山一座连一座,把日月潭包围在中央了,这就是——

生：群山环绕。

师：刚才我们认识了一个字,也表示包围的意思,是哪个字？

生："围"字。

师：群山环绕也可以说成——

生：群山围绕。

②理解"树木茂盛"。

师：日月潭还有哪儿美？

生：日月潭树木茂盛,特别美。

出示日月潭岸边树木的图片。

师：你们看，这就是日月潭岸边的树木。你们看见树干、树枝了吗？

生：没有。

师：树木怎么能没有枝干呢？

生：树木太茂盛了，把枝干都给挡住了。

师：原来这样的树木就是茂盛的树木。一起读读词语"树木茂盛"。

③理解"名胜古迹"。

师：日月潭还有哪儿美？

生：日月潭周围还有很多名胜古迹。

出示日月潭周围名胜古迹的图片（文武庙、玄光寺、慈恩塔等）。

师：日月潭周围这些优美、著名的游览胜地就叫——名胜古迹。

【设计意图】通过直观的黑板贴图、图片展示以及结合已学汉字"围"来理解"群山环绕"，让学生对这个较为抽象的词语有具体形象的认知。观察"树木茂盛"的图片，培养了学生的观察力。对"名胜古迹"的理解，促使学生联系生活实际，提升了知识迁移和运用能力，全方位提升学生的语文综合素养。

2.学习第二自然段。

（1）了解日月潭名字的由来。

师：刚才我们总体了解了日月潭，接下来我们再来深入了解。老师请男同学和女同学跟我一起合作朗读第二自然段。

师生配合读。

师：我们这样一读，就知道日月潭的名字——

生：是怎么来的了。

师：哪位同学去过日月潭，见过日月潭的样子？

生：没有。

师：都没去过，我们怎么深入了解日月潭呢？

生：可以读课文。

生：还可以想象。

师：这个办法不错，透过语言文字想象画面，可以帮助我们深入了解日月潭。

出示句子：北边像圆圆的太阳，叫日潭；南边像弯弯的月亮，叫月潭。

师：再读读这个句子，我们知道了日月潭名字的由来，你能想象日月潭的样子吗？

生：我想象的日潭是圆圆的，月潭就是弯弯的，像月牙一样。

生：我想象的日潭和月潭是挨在一起的。

出示图片：这就是日月潭的鸟瞰图。

师：是的，它们是连在一起的。跟你们想象的一样吗？让我们一边想象着日潭和月潭的样子，一边再来读一读吧。

（2）理解"岛"的含义。

出示光华岛图片。

师：你们看，这就是光华岛——水里高出来的一块陆地。这小岛像不像水中耸立的一座小山啊？

生：像。

师：怪不得"岛"字的里面是个"山"字呢！我们国家还有许多著名的岛，比如——

出示地图，圈画出"海南岛、台湾岛"。

生：海南岛、台湾岛。

师：许多的岛聚集在一起，我们叫它群岛。我国就有美丽的南沙群岛，还有富饶的西沙群岛。

出示地图，圈画出西沙群岛、南沙群岛。

生：西沙群岛、南沙群岛。

师：我们在马路中间经常看到这样一块高出来的地方供人们等候，这叫"安全岛"。

出示安全岛图片。

生：安全岛。

（3）体会"湖水碧绿"之美。

师：日月潭不仅周围环境美，水也很美。

指名读第一句，随后出示日月潭水的图片和一块绿色碧玉的图片对比。

师：这就是日月潭水美丽的颜色。这是什么你知道吗？

生：玉石。

师：这是一块碧绿的玉石。你们看，日月潭水的颜色就像碧玉一样绿。所以文中用了这个词形容湖水的颜色。

生：湖水碧绿。

（六）指导书写"胜、现、湾"

师：同学们，今天我们初步了解了日月潭的样子，还认识了许多新的生字，接下来我们写写生字。

出示"胜"字部件（包括"月"独体字、月字旁、"生"独体字、"生"字在右变窄后的部件）。

师："胜"是由我们熟悉的"月"和"生"字组成的，请你选择左右两个部件来拼一拼这个字。

指名学生拼字。

师：你为什么选择这两个部件？能说说理由吗？

生："月"字和"生"字合成一个"胜"字，这两个字都要变窄一些，而且"胜"这个字左窄右宽，月字旁就得变得更窄。

教师范写，随后出示生字："胜""现""湾"。

师：我们今天不仅学会写"胜"字，还要会写"现""湾"两个字。大家看看这三个字有什么共同点？

生：它们都是左右结构的字，而且都是左窄右宽的字。

学生自主书写，随后大屏幕展评。

【设计意图】让学生自主选择部件组成"胜"字，引导学生体会该字左窄右宽的结构，从而迁移运用到其他的汉字书写中。

（七）变换环境,生字再认

师:今天我们跟许多生字成为朋友,我们再把它们请出来见见面。它们藏在了下面这首儿歌里,你还认识吗?

出示儿歌:

日月潭,风景好。

中央就是光华岛。

湖水碧绿山围绕,

鲜花盛开树木茂。

下雨时,披轻纱,

童话仙境美景佳。

吸引中外游客来,

引人入胜人人夸。

生字变换语境复现,学生朗读儿歌。

师:我们把这些生字朋友请出来,大家再跟它们打个招呼吧!

出示生字认读。

师:同学们,这节课我们初步了解了日月潭的美景,下节课我们再来了解日月潭在不同时间的美丽景象。

【设计意图】以儿歌形式再现生字,在新情境中巩固生字记忆,增强识字趣味性,避免机械重复学习,提高学习效果。

六、板书设计

群山围绕

树木茂盛

日月潭　名胜古迹

湖水碧绿

第四章

中高年级深读,拓展思维边界

磨杵成针，砥砺坚韧

——四年级《铁杵成针》教学课例

一、教材分析

统编小学语文教材四年级下册第六单元围绕"成长的故事"这一主题展开编排，精心选取了蕴含古人成长智慧的经典篇章，如开篇的《囊萤夜读》与《铁杵成针》，旨在借助古人的成长经历，为学生的成长提供宝贵的借鉴与启示。语文园地进一步拓展学习内容，引导学生探索更多古人读书求学故事并进行讲述，深化对古人学习精神的理解。从语文要素培养来看，本单元重点聚焦于"学习把握长文章的主要内容"，并引导学生通过为文章各部分概括小标题的方式达成这一目标。文言文作为古代文学的瑰宝，以其言简义丰、主题凝练的特点，成为培养学生概括能力的优质素材。教师可充分利用文言文这一特性，引导学生深入挖掘主题，精准概括内容，为后续学习长文章概括小标题奠定坚实基础，提升学生的阅读理解与综合概括能力，使其在古代文学与现代语文学习的衔接中，实现知识与能力的有效迁移。

二、学情分析

四年级学生在文言文学习方面已积累了一年多的实践经验，初步掌握了文言文朗读技巧，具备一定的文言文理解能力。在此基础上，他们能够借助已有的知识经验，自主理解《铁杵成针》这类篇幅较短的文言文故事内容。

此前，学生多次参与讲述文言文故事的活动，这不仅检验了他们对文本的理解程度，也锻炼了其语言表达与故事演绎能力。然而，在这一过程中，如何引导学生突破简单翻译文本的局限，实现合理且富有创意的想象，将故事讲述得生动形象，深刻领悟故事所蕴含的道理，成为教学的关键所在。同时，帮助学生从文言文学习中提炼出题目概括方法，完成从具体文言文故事学习到长文章小标题概括的能力过渡，也是教师在教学过程中需要重点关注与突破的难点。

三、教学目标

1. 认识生字"卒"，会写生字"逢"。借助学习经验，能在理解文章意思的基础上读准字音、读好文章语句的停顿。

2. 合理发挥想象，讲好故事，在讲故事中感悟道理。

3. 发现文言文题目的概括方法，尝试概括小标题，为后续学习借助小标题把握长文章主要内容作好铺垫。

◆ 教学重点

1. 借助文言文学习的前经验，如借助注释、联系上下文、联系之前所学，读懂文章的内容，根据语义读好句中的停顿。

2. 合理想象人物的语言、动作、神态等，讲好故事，在讲故事中感悟道理。

◆ 教学难点

发现文言文题目的概括方法，尝试给故事换标题，给故事的起因、经过、结果分别概括小标题，为后续学习借助小标题把握长文章的主要内容作好铺垫。

四、教学准备

教学中需要使用的多媒体设备。

五、教学过程

（一）谈话导入，揭示任务

师：上节课，大家学习了《文言文二则》中的《囊萤夜读》，这节课我们一起学习《铁杵成针》的故事。

教师板书课题。

师：同学们，借助书下的注释，你对这个故事有哪些初步的了解吗？

生：这个故事选自宋代祝穆的《方舆胜览·眉州》。

师：是的，《方舆胜览·眉州》是一部地方志。同学们已经学过很多则文言文了，我们曾多次尝试着用自己的话讲故事。今天我们就来讲讲《铁杵成针》的故事。

（二）读——任务驱动，初步理解内容

1. 自读课文，注意读准字音，读好停顿。

师：要讲好故事，首先要读懂、读好。接下来请同学们在小组中试着读一读，注意读准字音，读好停顿。

学生小组合作朗读。

2. 伙伴交流朗读方法。

（1）小组汇报朗读。

师：哪个小组愿意来读读这个故事？

生 A：磨针溪，在 / 象耳山下。

生 B：世传 / 李太白 / 读书山中，未成，弃去。

生 C：过 / 是溪，逢 / 老媪 / 方磨铁杵。

生 D：问之，曰："欲作针。"太白 / 感其意，还 / 卒业。

随后教师组织学生评价。

（2）请学生评价重点语句。

师：你们觉得这个小组同学哪句读得特别准确？

生：我觉得"过 / 是溪，逢 / 老媪 / 方磨铁杵"这句读得好。

师：能说说理由吗？

生：联系下文我认为"过"表示"路过"，借助注释，我知道"是"是"这"的意思。"过是溪"就是指李白路过这条小溪，因此在"过"字后停顿。"逢"指的是"遇到"。我们曾经学过《清平乐·村居》中的一句"白发谁家翁媪"，"媪"指的是"老妇人"，借助注释我知道"方"表示"正在"，李白遇到了一位老妇人正在磨一根铁棒。这句话读起来应该这样停顿——逢 / 老媪 / 方磨铁杵。

师：我听出来了，他借助注释、联系上下文，还联系了我们曾经学过的诗句来理解这句话的意思。根据句子的意思，他觉得你们小组这句话读得很准确。你们小组是这样理解并且把句子读好的吗？

生：是的。

师：其他同学还有补充吗？你还觉得这个小组哪句读得特别好？

生：我觉得"还卒业"这句读得也准确。借助注释我知道"还卒业"的意思是"回去完成了学业"，"还"表示回去的意思，因此应该这样停顿——还 / 卒业。

3. 提示重点生字的读音及书写。

师：刚才这位同学的字音朗读得特别准确，请大家跟着老师再来读一读——

生：老媪、还卒业。

师：老师还要提示大家"逢"字的书写——先写里面的部件再写走之旁。请你伸出手在桌子上写一写这个字。

学生书空。

4. 教师小结。

师：同学们能运用之前学过的理解文言文的方法：比如借助注释、联系上下文、联系之前学过的诗句等来理解文章的内容，再根据语义读好句中的停顿。看来在理解意思的基础上进行朗读，就能读得更加准确。接下来，请大家自己读读这则文言文，相信你一定比刚才读得更有进步。

学生在小组中再次朗读课文。

【设计意图】学生已有的学习文言文的经验，足以支持他们自主理解故事内容。学生借助注释、联系上下文和已学诗句理解文意并确定停顿，通过理解文言文的有效方法，提升学生文言文阅读能力，让学生学会自主理解文言文。小组合作朗读，培养学生的合作学习的能力与自主探究的精神。学生在交流中相互学习、纠正读音和停顿，增强学习主动性。

（三）讲——调动经验，自主讲好故事

1. 回顾讲故事的方法。

师：读懂了内容，接下来我们就来讲故事。我们曾经多次练习用自己的话讲讲文言文的故事，谁能说说我们怎样讲故事别人才喜欢听？

生：只把文章内容翻译出来，还不够生动有趣，我们可以加入自己合理的想象，让故事内容更加吸引人。

师：是的，我们可以根据情节进行合理想象。想把这个故事讲得生动有趣，可以想象什么呢？

生：人物的语言、动作、神态。

师：谁能具体说说，哪个人物的语言、动作、神态？

生：我们可以想象李白是怎么想的，怎么说的，怎么做的。

生：还可以想象老婆婆的语言、动作、神态等。

生：我们还可以把自己的感受也讲一讲。

2. 自主讲故事，感悟道理。

（1）小组中跟伙伴一起来讲故事。

师：听了伙伴的提示，请同学们也在小组中跟伙伴一起来讲讲这个故事。

学生在小组中练习讲好故事。

（2）学生汇报，讲故事的过程中体会道理。

师：哪个小组来讲讲这个故事？你们接力讲还是派代表讲？

生：接力讲。

生 A：从前有一座高高的大山，名叫象耳山。在象耳山脚下有一条小溪，叫做磨针溪。

生 B：传说李白曾经在这座山里读书。他从小就特别贪玩，学习一点都不专心，因此没有完成学业，他就放弃准备离开了。

生 C：有一天，他路过了这条小溪，看到一位老婆婆正在磨一根铁棒。他感到很奇怪，于是走上前问道："老婆婆，您为什么要磨这根铁棒呢？"老婆婆笑眯眯地回答道："我要把这铁棒磨成一根绣花针。"李白惊讶地瞪大了眼睛："这么粗大的一根铁棒，什么时候才能磨成绣花针呢？"老婆婆说："只要我坚持不懈地磨下去，总有一天会把它磨成绣花针。"

生 D：李白听后心想：这位老婆婆那么大年纪了，都有勇气坚持完成一件那么困难的事，而我小小年纪，怎能半途而废呢？想到这里，他立刻告别了老婆婆，回去继续刻苦读书，完成了学业。

师：这个小组讲完了故事，你们来评价。你特别喜欢哪一处合理的想象？

生：我喜欢他们讲的人物对话。李白问老婆婆："您为什么要磨这根铁棒？"老婆婆说："我要把这根铁棒磨成一根绣花针。"

师：说说具体理由。

生：我认为他们讲出人物的对话，就显得这个故事很生动。

师：他喜欢你讲的人物语言。老师也觉得你讲得特别好，但是我想问问你，课文中也没说是谁问谁答，你怎么知道是李白问，老婆婆答呢？

生："问之，曰："欲作针。"虽然课文没说谁问谁，但结合上下文，我知道是李白问老奶奶，课文也没写问了什么内容，但结合答语，我知道李白一定问老奶奶在做什么。

师：看来你们是真正读懂了故事内容，再发挥合理的想象，才把故事讲得那么生动的。其他的同学还有补充吗？你还喜欢他们哪一处的想象呢？

生：我还喜欢他们讲的李白内心活动。

师：说说具体理由。

生：李白想老婆婆磨铁杵坚持不懈，我也要向老婆婆学习，所以他才回去完成了学业。说明他有了想法，然后才好好学习。

师：是的，有了想法，才会有相应的行动。大家还有好的建议吗？

生：我觉得还可以想象李白听了老婆婆的话以后的神态，比如他若有所思地眨眨眼，说明老婆婆的话给他带来了启发。

师：这个想法不错。

生：如果让我讲这个故事，我还想讲讲李白是怎样刻苦读书的。比如白天他捧着书本时而大声朗读，时而冥思苦想。到了夜晚，他奋笔疾书，写了很多文章。我觉得这样能体现李白受到启发后改正自己的不足，真正懂得做事要坚持不懈的道理。

师：有道理，他们的建议你们小组认可吗？

生：认可。

师：特别虚心。

师：读懂才能讲清，讲清才能明理。李白懂得了做事要坚持不懈的道理，我想同学们也一定明白了这个道理。根据刚才伙伴们相互提出的好建议，同学们在小组中可以再讲讲这个故事，把故事讲得更加生动。

学生再次练习讲故事，随后教师再请学生汇报、评价。

【设计意图】回顾讲故事方法，激活学生已有经验，引导学生明确生动讲故事的方向。小组内讲故事，为每个学生提供实践机会，在交流互动中完善故事内容。在评价过程中，引导学生深入思考，学会欣赏他人优点，发现自身不足，促进学生批判性思维和表达能力的发展。同时，学生能把故事讲清楚、讲生动，特别是讲清楚李白听了老婆婆话以后的神态、心理、做法等，说明学生真正理解了故事所蕴含的道理。

3. 梳理理解文言文的方法。

出示书后练习：

世传李太白读书山中，未成，弃去。（放弃）

胤恭勤不倦（疲倦）

家贫不常得油（贫穷）

师：刚才讲故事的同学把"太白读书山中，未成，弃去。"的"弃"字解释为"放弃"。我们再来回顾上节课《囊萤夜读》中的句子"胤恭勤不倦"的"倦"意思是"疲倦"，"家贫不常得油"的"贫"我们理解为"贫穷"。看一看这些加点词语的意思，你有什么发现吗？

生：我发现给这些字组一个词，就是它的意思。

师：你很善于思考。

生：我发现这些词语古时候的意思和现在的意思是一样的。

师：是的，你很善于发现，这些词语的意思古今相同。我们还学过一些古今意思不同的词语，你们还记得吗？

生：我记得在《守株待兔》一课中，"兔走触株"的"走"字，古时候是"跑"的意思，而现在是"走路"的意思。

师：是的，你学得可真扎实。有些词语古今异义，有些词语古今同义。理解了这些词语，就能帮助我们更好地读懂文言文的意思。

【设计意图】梳理文言文理解方法，帮助学生总结归纳，强化对古今词义异同的认识，提升文言文理解能力，培养知识迁移能力。

（四）概括——借助标题，学习把握故事内容的方法

1.渗透标题概括的方法。

出示学过的三组文言文的标题：

第一组《精卫填海》《王戎不取道旁李》。

第二组《守株待兔》《囊萤夜读》《铁杵成针》。

第三组《司马光》。

师：文言文语言简洁，故事内容却引人深思。看看这几组文言文的标题，你发现了什么？

生：这些都是我们学过的文言文。

师：是的，仔细看看每组标题的内容，你有什么发现？每组标题有共同点吗？

生：第一组标题说清楚了谁干什么。

生：第二组标题概括了事情的主要内容。

生：第三组标题是以主人公的名字命名的。

师：仔细观察，认真思考，你们就发现了每组标题命名的规律。很多故事，我们一看到标题就知道了主人公是谁或者大致了解了故事的主要内容。

2. 自主概括小标题。

师：如果让你给今天学习的《铁杵成针》这个故事换一个标题，你打算换成什么？

生：我想换成《李白见老媪磨杵成针》，这个题目说清楚了谁干什么。

生：我想换成《知错就改的李白》，因为李白是故事的主人公，我想以主人公来命名。

师：同学们再次回顾文章内容，故事的起因、经过、结果分别是什么？

生："世传李太白读书山中，未成，弃去。"是故事的起因，"过是溪，逢老媪方磨铁杵。问之，曰："欲作针。"是故事的经过，"太白感其意，还卒业。"是故事的结果。

师：大家能不能试着给故事的起因、经过、结果分别取一个小标题？你们可以先在小组中商量一下。

学生在小组中合作学习。

师：哪个小组来说说？

生：我们给故事的起因取个小标题是"读书未成弃去"，故事的经过的小标题是"见老媪，磨铁杵"，故事的结果的小标题是"还卒业"。

师：同学们，你们发现他们是怎样取小标题的了吗？

生：从课文里找的关键词。

师：其他小组来说说。

生：我们给故事的起因部分取个小标题是"李白放弃读书"，故事的经过是"李白受到启发"，故事的结果是"李白完成学业"。

师: 你们小组是怎样思考的?

生: 我们取的小标题都是说李白干了什么。

师: 两组同学的小标题一个是从文中提取了关键词, 一个通过说清楚谁干什么来概括。你们看, 把小标题连起来, 就是这个故事的主要内容了。看来, 借助小标题, 我们很快就能记住故事的主要内容了。

【设计意图】引导学生观察标题规律, 培养学生归纳总结能力, 让学生发现文言文标题的特点, 理解标题与内容的关系, 为概括小标题作铺垫。自主概括标题和小标题, 锻炼学生对文本内容的提炼概括能力, 学会从不同角度概括内容, 理解小标题概括方法, 为学习把握长文章主要内容奠定基础。

(五) 布置作业, 迁移运用

师: 今天老师给大家布置一个作业: 请你们阅读下一篇课文《小英雄雨来》, 找出印象最深的情节, 试着概括一个小标题, 并与伙伴交流。

【设计意图】让学生阅读《小英雄雨来》并为印象深刻的情节概括小标题, 将课堂所学知识迁移到课外, 巩固概括小标题的方法, 为本单元语文要素的落实打好基础, 培养学生自主学习能力和阅读能力, 提高学生语文综合素养。

六、板书设计

铁杵成针

讲故事

合理想象

花园重开，善意永存

——四年级《巨人的花园》教学课例

一、教材分析

本文是一篇著名的童话故事。被选入统编教材后，较原来发生了很大的变化。课文内容更加奇幻有趣，充满了奇妙的想象。特别是花园的几次变化，留给了学生丰富的想象空间。作者用拟人化的手法，让每一个形象都变得鲜活起来，创造出了丰富而奇丽的童话情境，带给读者无比美妙的阅读体验，从中体会了道理。

二、学情分析

学生具备多年阅读童话故事的经历，在三年级上册第三单元中曾经学习过童话，要求是感受童话丰富的想象。本单元不仅要感受童话丰富的想象，还要通过奇妙的想象体会人物形象。

三、教学目标

1. 认识"硕、允"等 8 个生字，会写"砌、牌"等 11 个字，会写"柔嫩、丰硕"等 13 个词语。

2. 朗读课文，边读边想象花园奇幻的景象。

3. 能说出花园发生的变化。

◆ **教学重点**

认识"硕、允"等 8 个生字，会写"砌、牌"等 11 个字，会写"柔嫩、丰硕"等 13 个词语。正确、流利、有感情地朗读课文，知道花园发生了什么变化。

◆ **教学难点**

边读边想象花园奇幻的景象，通过把自己想象成故事中的事物，感受童话的奇妙。

四、教学准备

课堂教学过程中需要使用的学习单和图片。

五、教学过程

（一）激趣导入，揭示课题

师：每个孩子都是在童话的浸润中成长起来的。在之前的语文课上，我们阅读了大量的童话故事。今天这节课，我们先来做一个看图猜童话的游戏。

教师出示图片。

生：丑小鸭。

师：知道《丑小鸭》的作者是谁吗？

生：安徒生。

师：丹麦的安徒生。这个童话是什么？

生：白雪公主。

师：《白雪公主》选自《格林童话》，是德国格林兄弟经过搜集、加工、整理，形成的童话集。这个呢？

生：小猪唏哩呼噜。

师：我们一年级时读过《小猪唏哩呼噜》。这是中国的孙幼军所写，他被誉为"一代童话大师"。今天我们也来学习一篇童话故事——《巨人的花园》，作者是——

生：英国王尔德。

教师板书课题。

【设计意图】通过展示多幅经典童话图片，引导学生进行猜童话游戏并介绍作者，激发学生的学习兴趣，唤醒学生已有的童话阅读经验，为学习新课《巨人的花园》营造良好的童话氛围，同时培养学生的文学常识积累能力。

（二）整体感知，了解内容

出示课文插图。

师：你们看，这就是巨人的花园，巨人在哪里了？

生：我看见他的大脚了。

师：看见这幅图，你想知道什么？

生：巨人到底有多大？

生：小朋友们为什么都跑了？

生：巨人长什么样子？

生：巨人的花园是什么样子的？

师：看到这幅图我也特别想知道巨人来之前发生了什么，巨人来之后又发生了什么？相信读了课文之后，这些问题你们都能解决了。接下来就请大家自己默读课文，一会儿我们来交流你都读懂了什么。

学生自主默读课文。

师：读了课文，刚才你们想知道的问题都解决了吗？

生：解决了。

师：刚才有的同学想知道巨人长什么样子，巨人到底有多大？这些问题课文里写了吗？

生：没写。

师：那你们是怎么解决的呢？

生：我们想象出来的。

师：阅读童话发挥想象是很好的学习方法。刚才老师也想弄清楚一个问题：巨人来之前发生了什么，巨人来之后又发生了什么？

生：巨人来之前，小孩们都到花园里玩，来之后，小孩们都不来玩了。

师：为什么呢？

生：因为巨人在花园四周建起了高墙，把小孩们都赶走了。

师：看来课文内容你们都读懂了。

【设计意图】让学生观察课文插图提出问题，再默读课文寻找答案，旨在培养学生的观察力、问题意识和自主阅读能力，引导学生初步感知课文内容，同时渗透阅读童话故事需发挥想象，为后续深入学习奠定基础。

（三）识写字词，理清顺序

1. 自主学习生字。

师：接下来，就请同学们用自己喜欢的方式自学生字词，稍后老师要检验你们自学的成果。

出示自学提示：

▲朗读课文，读准读通。

▲自学生字、认读字。

2. 检验学习成果。

师：都学会了吗？我来考考你们。

①出示课文中生字所组的词语：

丰硕　允许　覆盖

脸颊　呼啸　砌墙

搂住　一缕阳光

②生字变换语境认读：

应允　搂抱　颠覆

面颊　海啸　堆砌

硕果累累　一缕白发

指名读、开火车读、男女生读、齐读。

3.学习单积累生词,借助学习单讲清故事主要内容。

学习单内容如下:

巨人的花园

柔嫩的青草　　丰硕的果子

砌围墙　　　　禁止入内

北风呼啸　　　北风吼叫

拆围墙　　　　允许入内

教师出示课文插图,引导学生根据课文脉络积累生字词。

师:谁能借助学习单,说说课文讲了一个什么样的故事?

生:巨人有一座美丽的花园,花园里长满了柔嫩的青草,结满了丰硕的果子。孩子们每天都到巨人的花园里玩。巨人看到了很生气。他在花园外面砌起了围墙,写上"禁止入内"几个字。孩子们就不去花园里玩了。花园里北风呼啸,北风吼叫,冰天雪地,特别寒冷。后来巨人拆除了围墙,允许孩子们入内。花园又变成了春天的景象,特别美丽。

师:生字词语都会写了,同时我们还了解了课文的写作顺序,把握了文章的主要内容。接下来,我们就一起到巨人的花园里看一看。

【设计意图】四年级学生具备一定的自学能力。设置学生自主学习生字词环节,给予明确的自学提示,培养学生自主学习的习惯和能力。借助学习单积累生词并讲述故事主要内容,帮助学生梳理课文脉络,掌握概括文章主要内容的方法,加深对课文的整体理解。

(四)研读课文,感知奇妙

1.感受花园可爱的样子。

(1)变身故事中的景物,想象画面。

出示花园美丽的图片。

师：你们看，这就是巨人美丽的花园。课文的哪处介绍了这幅图的内容？

指名朗读。

师：在之前的语文课上，我们多次尝试透过文字想象画面。下面就请同学们闭上眼睛。听老师再来读读这段文字。一会儿我们来交流你的头脑中出现了怎样的画面。

生：我仿佛在一片长满了柔嫩青草的绿草地上，跟伙伴们一起做游戏。周围有许多小鸟在树上唱歌。

师：你们发现了吗？他想象到的画面不仅有颜色，还有——

生：声音。

生：我想象出了桃树开出的桃花有淡红色的，也有珍珠色的，特别美丽。

师：如果让你变成花朵、桃树或者小鸟就住在这座美丽的花园里，谁愿意变成花朵？

生：我愿意。

师：你为什么愿意变成花朵？

生：因为花园里的花朵特别漂亮。

师：那你就想象着自己美丽的样子，再来读读这句话。你为什么想变成花朵？

生：因为花朵在草丛中可以跟小朋友们一起玩。

师：那你想象着自己跟孩子们在草丛中快乐地做游戏，再来读读这句话。谁愿意变成桃树？为什么？

生：我愿意。因为我希望自己结出的桃子可以分给小朋友们吃。

师：真是一棵乐于奉献的小桃树。你想象着自己身上结满了又大又甜的桃子来读读吧！谁愿意变成小鸟？为什么？

生：我愿意变成小鸟，因为小鸟特别可爱。

师：你想象自己站在枝头唱歌那可爱的样子，再来读读吧！

学生有感情朗读。

（2）理解人物情感,体会快乐。

师:这座花园多美啊! 怪不得孩子们说——

生:我们在这儿多么快乐!

师:变成了花朵、桃树、小鸟的你们,跟孩子们一起玩耍,感到快乐了吗? 我们替花朵、桃树、小鸟把这种快乐读出来吧!

学生齐读。

师:真是一座可爱的大花园啊!（板书"可爱"）

【设计意图】在感受花园可爱的样子时,引导学生变身故事中的景物并想象画面,让学生更深入地理解文本内容,培养学生的想象力和语言表达能力,通过角色代入体会花园中事物的快乐情感,增强情感体验。

2.感受花园凄凉的样子。

（1）体会心情,指导朗读。

出示课文花园凄凉的图片。

师:现在花园变成了这副样子,花朵、桃树、小鸟又变成了什么样子呢? 打开课文自己读一读。

指名三位学生分别读读描写花朵、桃树、小鸟的句子。

师:此时花园成了谁的天下?

生:成了冰雪的天下。

生:雪和霜的天下。

指名学生朗读并引导学生想象画面。

师:想象出来花园的样子了吗? 刚才你们都变成了花朵、桃树、小鸟住在巨人的花园里了,谁愿意再来读读小鸟的感受? 既然你变成了小鸟,我们就把"小鸟"改成"我"来读读。

生:我（小鸟）不肯在他的花园里唱歌,因为那里没有孩子们的踪迹。

师:你为什么不肯在他的花园里唱歌?

生:因为那里没有孩子们的踪迹。

师：除了这个原因，还有别的原因吗？

生：我唱了好听的歌，也没有人欣赏啊！

师：说的有道理，动听的歌声要有人分享。请你带着自己的感受再来读读。

学生朗读小鸟的感受。

师：桃树怎样了？

生：我（桃树）也忘了开花。

师：你为什么忘了开花？

生：因为太冷了，我怕把娇嫩的花瓣冻坏了。

生：因为那里没有孩子们的踪迹，开出美丽的花朵也没人看。

指导学生朗读桃树的感受。

师：刚才谁变成了花朵？读读花朵的感受吧！

生：偶尔我（有一朵美丽的花）从草丛中伸出头来，可是一看见那块布告牌，就马上缩回到地里睡觉去了。

师：你为什么缩回到地里睡觉去了？

生：因为布告牌上写着"禁止入内"，我出来了也没人陪我玩。

生：到处都是雪和霜，实在是太冷了。

指导学生朗读花朵的感受。

师：原本可爱美丽的花园，现在变得怎样了？

生：凄凉。

（板书"凄凉"）

（2）感知神奇。

师：现在是什么季节？

生：春季。

教师出示春天花园内外的图片对比。

师：花园外面——

生：春天来了，乡下到处开着小花，到处有小鸟歌唱。

师：巨人的花园里——

生：单单在巨人的花园里，仍旧是冬天的景象。

师：园里园外的季节、景色都不一样。你有什么感觉吗？

生：我觉得不可思议。

生：我觉得太神奇了。

（教师板书"奇"）

【设计意图】在感受花园凄凉的样子时，让学生转换角色朗读相关语句，深入体会花园中景物的心情，感受花园前后变化的落差，理解故事中蕴含的情感变化。

3.感受花园美丽的样子。

（1）自主学习。

出示学习任务：自读10至15自然段，画出花园变化的语句，想象画面，把你的感受在旁边批注。

师：巨人的花园又发生了神奇的变化。请大家按照自学提示自主学习。还记得刚才我们想象画面，体会花园的样子用了什么方法吗？

生：一边读课文一边想象画面。

师：是的，透过文字想象画面。

生：把自己想象成小鸟、花朵、桃树。

师：对啊，把自己想象成故事中的某一事物或某一人物，也能帮助我们更好地理解故事内容。

学生自主学习。

（2）交流合作。

师：同桌互相读一读你画出的语句，边读边想象画面，交流感受。

学生交流分享。

①桃树看见孩子们回来十分高兴，纷纷用花朵把自己装饰起来，还在孩子们头上轻轻地舞动胳膊。小鸟们快乐地飞舞歌唱。花儿们也从绿草丛中伸出头来。

生：读到这里，我觉得很奇特，为什么孩子们一进来，花园里的景象就全变了，春天就回来了呢？多奇特呀！

师：谁也画出了这一处？有什么补充吗？

生：我补充一下。我觉得桃树、花朵、小鸟看见了孩子们很高兴。他们把自己装饰起来，还飞舞歌唱，能感觉到他们高兴、快乐的心情。

师：请你带着自己的理解，替花朵、小鸟读出高兴的心情来。

②这时，雹停止了疯闹，北风也不再吼叫，一缕阳光从窗外射进来。

生：突然之间，雹就停止了疯闹，北风就不再吼叫。让人感觉非常神奇，花园一下子就发生了巨大的变化。

③巨人悄悄地走到他后面，轻轻抱起他，放到树枝上。这棵树马上开花了，小鸟们也飞来歌唱。

生：我觉得巨人变化也很大，他以前不喜欢孩子们到他的花园里来，但是现在他轻轻地抱起小男孩，他变得很温柔。这个小男孩就像医生一样，他一来到花园里，就把花园的"病"给治好了。

生：这句话的前面说，孩子们看见了巨人都非常害怕，逃走了。花园里又出现了冬天的景象。巨人把这个小男孩抱起来放到树枝上，一放上去，这棵树马上就会开花。这棵树就像有开关一样，一摁开关就开花，再一摁花就没了。

师：是啊，他结合了前文去理解，就更能体会到故事想象的神奇。

教师引导学生带着自己的感受朗读句子。

（板书"美丽"）

【设计意图】布置自主学习任务，让学生画出花园变化的语句并批注感受，培养学生自主学习、圈画批注和独立思考的能力。组织小组交流分享，促进学生之间的合作学习，培养学生的交流表达和思维碰撞能力，加深对花园神奇变化的理解。

（五）总结提升

师：同学们，花园发生了许多次的变化，最终又变成了美丽可爱的样子。你们觉得这样的变化好吗？

生：好。

师：是的，好就是妙，这样的变化多么奇妙啊！其实变化的不仅是花园内的风景，巨人也发生了巨大的改变。下节课我们就一起来了解巨人的变化。

六、板书设计

巨人的花园

可爱

凄凉　奇妙

美丽

英勇壮举，家国情怀
——六年级《狼牙山五壮士》教学课例

一、教材分析

《狼牙山五壮士》一文结构严谨，主次分明，重点突出。文章通过细致的人物描写来突出五壮士面对强敌毫不畏惧、英勇顽强、宁死不屈的革命英雄主义和忠于党、忠于人民、忠于祖国的崇高精神，字里行间饱含着对五壮士的崇敬与颂扬之情。作为一篇在人物描写方面着墨较多的记叙文，文章选取了最能代表人物身份、性格的细节进行了描写。其中既有对个体形象的细致描写，又有对人物群体形象的整体勾勒。在塑造某一人物的具体形象时，作者多从神态、动作、语言等方面进行刻画，是一篇积累语言、学习表达的良好范本。

二、学情分析

对于六年级学生来说，曾积累过一定的阅读学习经验，能够做到阅读文章，了解故事的起因、经过、结果，把握文章的主要内容；通过人物的动作、语言、神态体会人物形象，感受人物的品质；还能够借助相关资料，加深对课文主要内容的理解。基于上述学习经验，学生阅读本文，初步理解文本内容难度不大。但是本文的时代背景与学生生活实际有一定的距离，学生对人物执着的信仰、无畏的担当，难有深入体会，需要教师引导学生理解人物形象，生发崇敬之情。而本课的教学重点是在体会五壮士的英雄气概的同时，体会点面结合描写的表达效果。因此教师还需引导学生从课文叙述中领悟写人记事的表达方法，提高表达能力。

三、教学目标

1. 梳理概括课文主要内容，了解五壮士的英雄事迹。

2. 结合相关背景资料和课文重点语句，感受五壮士热爱祖国、英勇无畏的革命英雄气概。

3. 体会课文点面结合写场面的方法，并尝试运用，表达对英雄的崇敬。

◆ **教学重难点**

抓住对人物的语言、动作、神态等描写，体会五位战士的英雄气概。学习点面结合的描写方法，体会课文既关注群体，又聚焦个体的写法的好处，并尝试运用此方法进行表达，颂扬英雄的革命精神。

四、教学准备

教学过程中需要使用的作业纸。

五、教学过程

（一）导入新课，出示任务

师：同学们，本单元我们将共同重温历史，走进革命岁月。在革命历史中，我们必然要牢记一个又一个为了国家民族无私奉献的英雄人物。这节课，我们继续学习《狼牙山五壮士》。（板书课题）

（二）整体感知，回顾内容

师：上节课，我们一起初读了课文，梳理了五壮士的英雄路。快速浏览课文，我们一起来回忆回忆五壮士的英雄路。

生：接受任务、诱敌上山、引上绝路、顶峰歼敌、英勇跳崖。

【设计意图】引导学生快速浏览课文，回顾五壮士的英雄路，帮助学生梳理文章脉络，整体把握课文内容，为深入体会人物形象和学习表达方法作好铺垫，培养学生的概括能力和对文章结构的把握能力。

（三）体会形象，学习写法

1. 以"诱敌上山"部分为例，学习表达。

（1）画出描写五壮士的语句。

师：课文从哪个部分开始具体描写五位壮士？

生：课文从"痛击敌人"这个部分开始具体描写五位壮士的。

师：那我们就先来研读这部分。自己读读这部分内容，哪些语句是描写五壮士的？

生：班长马宝玉沉着地指挥战斗，当敌人走近了，才下命令狠狠地打。副班长葛振林打一枪就大吼一声，好像细小的枪口喷不完他的满腔怒火。战士宋学义扔手榴弹总要把胳膊抡一个圈，好使出浑身的力气。胡德林和胡福才这两个小战士把脸绷得紧紧的，全神贯注地瞄准敌人准备射击。

师：大家同意他说的吗，还有补充吗？

生：为了拖住敌人，七连六班的五个战士一边痛击追上来的敌人，一边有计划地把大批敌人引上了狼牙山。他们利用险要的地形，把一次又一次冲上来的敌人打了下去。

【设计意图】让学生自主画出描写五壮士的语句，培养学生提取关键信息的能力，引导学生关注文本细节，为后续体会人物形象和学习表达方法提供素材。

（2）给句子分类，说明理由。

师：我们来给这些句子分类。请同学们在小组中商量这些句子可以怎样分类，一会儿老师请大家说说分类理由。

生：课文的前两句话可以分成一类，写了五位壮士一起打击敌人；3 至 6 句可以分成一类，写的是每一名战士。

汇报的同学可以在数字教材上用不同颜色的笔或不同形状的线来进行圈画区分。

【设计意图】组织学生给句子分类并阐述理由，促使学生深入思考句子之间的关系，初步感受点面结合的描写方法，为理解这种表达方法的特点和作用打下基础。引导学生在数字教材上用不同颜色的笔或不同形状的线来进行圈画区分，使学生的思维可视化。

（3）学习点面结合的表达方法。

师：课文的前两句话，先写了五位壮士作为一个战斗整体的英勇表现，这属于面的描写；再具体描写了每一位战士的表现，这属于点的描写，这样的描写方法就是点面结合的方法。（板书：点面结合）

2.借助表格支架，体会表达效果。

（1）梳理每部分点的描写和面的描写。

师：同学们，请你们自己再读课文，思考一下文中哪些时刻、哪位英雄让你难忘？

出示学习任务：再读课文，借助下面的作业纸，选择一个部分内容，在小组中进行梳理，稍后进行交流。

表4-1　本课学习任务

难忘的时刻（面）		难忘的英雄（点）	
动人的情节		英雄的名字	
英雄们的表现		他的英勇表现	
感受与思考：		感受与思考：	

师：学习任务完成了吧？我们来交流，哪个小组来汇报？

教师将汇报小组的作业纸投屏。

指名某一小组汇报：

生：我们小组难忘的时刻是"诱敌上山"这个情节。英雄们的表现是，他们利用地形把大批冲上来的敌人打下去。我们的感受是，从中我们可以看出战士们的英勇，以及他们不畏生死的精神。

生：我们小组难忘的英雄是这五位战士。班长马宝玉沉着地指挥战斗，让敌人走近了才下命令狠狠地打。我们的感受与思考是，他的指挥能力很强，因为他让敌人走近了，才下命令打。葛振林的英勇表现是打一枪就大吼一声，好像细小的枪口喷不完他的满腔怒火。我们感受到葛振林很英勇，打一枪就大吼一声体现了他对敌人的愤恨。宋学义的英勇表现是，扔手榴弹时总要把胳膊抡一个圈，好使出浑身的力气。从"把胳膊抡一个圈"中，我们感受到了宋学义用尽了全力，体现他痛恨敌人以及他英勇奋战的精神。胡德林和胡福才的英勇表现是，把脸绷得紧紧的，全神贯注地向敌人射击。我们的感受是，虽然胡德林和胡福才是年龄最小的战士，但从"把脸绷得紧紧的""全神贯注"中能感受到他们的注意力集中和对敌人的痛恨。这种忠于祖国的精神，令人难忘。

师：你们汇报完了？小组成员还有补充吗？

生：没有了。

师：其他小组还有补充吗？这个情节中哪些时刻、哪位英雄给你们带来触动了？

生：我认为这个情节的描写也体现了五位战士的聪明智慧。他们有计划地把敌人引上狼牙山，再利用地形把敌人一次又一次地打下去。虽然他们只有五个人，但是他们是有计划地利用地形去作战，所以我觉得他们很聪明。

师：是的，不光英勇，还很有智慧，我们也可以称他们——

生：有勇有谋。

师：他们补充的内容，你们小组认可吗？

生：认可。

师：这个小组抓住了"诱敌上山"这个场面进行点面描写的梳理。在点的描写过程中五位战士都给他们留下了深刻的印象。我们一起再来看看他们的梳理内容，从中发现五位战士有什么共同特点？

生：他们作战都很认真。

生：他们都很英勇。

生：他们都带着自己的感情在战斗。

师：什么感情？具体说说。

生：对敌人的愤恨。

师：再看看作者对五壮士的描写上有哪些特点。

生：课文有的通过动作描写，有的通过神态描写表现了五壮士的有勇有谋。

教师组织学生带着自己的体会有感情地朗读。

指名某一小组汇报：

生：我们分享的动人的情节是"引上绝路"。这个情节里面，英雄们热血沸腾，紧跟在班长后面。我们感受到了战士们的视死如归，为了保护群众和连队主力，明知道这是绝路，还往山上走的英勇无畏的精神。

生：我们小组难忘的英雄是马宝玉。他的英勇表现是，他斩钉截铁地说了一声："走"，就带头朝棋盘陀走去。我们感受到了马宝玉想给群众和连队主力拖延时间，保障群众和连队主力的安全的决心，指挥战斗时的沉着冷静以及对敌人的愤恨之情。

师：其他小组还有补充吗？

生：没有了。

师：我想问问这个小组的同学，课文描写班长马宝玉的语言就是一个字"走"。为什么从简单的一个字中，你们就有那么多的感受与思考？

生：首先，我们关注到了提示语中有一个词是"斩钉截铁"，而且"走"字后面是个感叹号，说明班长马宝玉做这个决定的时候没有丝毫犹豫，他明知这是一条绝路，他也没有一丝犹豫。

师：从这一个"走"字中，我们感受到了英雄们为了救百姓、掩护主力部队的那份坚定。请你带着自己的感受来读读描写英雄的句子。

教师组织该组学生及其他学生有感情地朗读。

指名某一小组汇报：

生：我们小组难忘的英雄是班长马宝玉，他的英勇表现是，他拔出手榴弹，拧开盖子扔向敌人。我们感受到马宝玉的这一系列动作描写，表现了他对敌人的愤恨，还有坚定的革命信念以及英勇无畏的精神。

生：我们小组难忘的动人情节是"顶峰歼敌"的场景。英雄们居高临下向身后的敌人射击，举起大石头朝敌人用力砸。我们感受到对五壮士这一系列的动作描写，表现了他们保家卫国的决心，坚定勇敢的民族气节，以及对敌人的愤恨之情。

师：其他小组还有补充吗？

生：我觉得对班长马宝玉的描写还体现了他战斗经验非常丰富。因为他一开始并没有扔手榴弹，而是把胡福才手里的最后一颗手榴弹夺了下来，留到最后才扔向敌人，这样做是为了消灭更多的敌人，说明他的战斗经验丰富。

师：你联系了前文进行体会，这个做法很好。刚才这个小组的同学提到，通过英雄们举起大石头朝敌人砸的这一举动，体会到了他们的决心和气节。能具体说说通过这样一个砸的动作，你们为什么能体会到这么多的内容。

生：他们的子弹已经打光了，只剩下最后一颗手榴弹了，但是他们还想消灭更多的敌人，就用石头砸向敌人。因此我们体会到了五壮士消灭敌人、保家卫国的决心。

教师组织学生有感情地朗读。

指名某一小组汇报：

生：我们小组难忘的是"英勇跳崖"的情节。英雄们走到崖边，跳下深谷，还大声喊着口号。从这些举动当中，我们感受到英雄们宁死不屈、视死如归的精神。

生：我们小组难忘的英雄是马宝玉，他的英勇表现是他像每次发起冲锋一样，第一个纵身跳下深谷。我们的感受是，马宝玉的精神感动了战士们，也感动了我们，他的这种宁死不屈的精神值得我们敬佩。

师：同学们，你们发现了吗？这个小组的同学从马宝玉的举动中，从五位战士共同的举动当中，都感受到了他们宁死不屈的精神。你们还从其他的地方感受到他们这种宁死不屈的精神了吗？

生：我是从这句话中感受到他们宁死不屈的精神的，"说罢，他把那支从敌人手里夺来的枪砸碎了"，我觉得班长马宝玉把从敌人手里夺来的枪砸碎了，这个动作也体现他不把武器留给敌人，宁可牺牲也不投降，也不屈服的精神。

生：班长马宝玉砸的枪是从敌人手里夺来的枪，他把枪砸碎了，体现了对敌人的愤恨。

生：我觉得砸枪还体现出战士们绝不允许敌人用武器来伤害中国人民的这种心情。

师：是啊，在牺牲的前一刻，五位战士心中想的还是祖国和人民。

教师组织学生带着自己的理解有感情地朗读。

（2）横向比较每部分点、面的描写，体会表达效果。

师：接下来，我们把刚刚梳理的每个点的描写和面的描写送回到表格中去。

表4-2　课文点、面梳理内容

	诱敌上山	引上绝路	顶峰歼敌	英勇跳崖
面（整体）				
点（个体）				

教师在屏幕中呈现表格，学生将作业纸贴到表格中。

师：你们有什么发现？

生：每个部分都有点面结合的描写。

师：你们发现不同了吗？

生：第二部分"诱敌上山"对于每个战士都进行了细致描写，而后面几部分点的描写只刻画了班长马宝玉的英勇表现。

师：为什么要这样写？

生：本文的题目是《狼牙山五壮士》，所以作者一开始就写了每一位战士的英勇表现，后面的几部分只写了班长一个人，因为班长具有领头作用，他一个人就代表了所有人的决定。

生：班长马宝玉的任务是指挥战斗的，也是第一个带头走向棋盘陀、第一个纵身跳崖的人。重点描写班长马宝玉，更能体现五壮士英勇无畏、宁死不屈的精神。

师：看来运用点面结合的描写方法，能够帮助我们更好地塑造人物。

（板书：塑造人物）

师：我们再来看看故事情节，五位战士有勇有谋、诱敌上山，将敌人引上绝路，他们在顶峰歼敌，消灭了更多的敌人，最终英勇跳崖。为什么作者只在"诱敌上山"这部分刻画了每一个战士，后面的几部分就只刻画班长马宝玉呢？

生：我觉得这样安排情节有详有略。

师：你说得有道理。为什么作者没有选择在"顶峰歼敌"这部分来刻画每一个战士的英勇表现，而是只描写班长马宝玉一个人；或者在"英勇跳崖"这部分全面刻画每一位战士的表现，而前面则主要描绘班长马宝玉呢？这样的描写是不是也可以体现详略得当？

生：我觉得后面的情节越来越紧张，如果除了班长马宝玉，再描写其他战士的动作、神态、语言，情节没有那么紧张了。

生：我觉得在每一个情节中，五位战士的表现都差不多，他们都用尽了全力与敌人战斗、坚定地走上顶峰并且纵身跳下山谷。如果每个人都详细描写的话，情节都是重复的。

师：通过你们的分析，我们发现了点面结合的写法，也更利于推进情节的发展。随着故事的发展，敌人步步紧逼，时间越来越紧迫，在后面的情节中作者就选

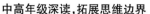
择典型性的一个点来进行描写了。这样不仅突出了情况的紧急,也描写出五壮士视死如归的精神,因为马宝玉是班长,他的决定也代表了五壮士共同的想法。

(板书:推进情节)

师:在点面结合写场面的过程中,"点"的选择非常重要。可以结合具体情境选择具有典型性的"点"来进行描写。

【设计意图】借助表格支架,引导学生自主梳理课文内容,深入分析点面描写,从不同角度体会五壮士的英雄气概和作者的写作意图,培养学生的合作探究能力、分析能力和语言表达能力。

(四)尝试语言运用,颂扬英雄气概

1. 讲一讲。

师:同学们,今天我们学习了点面结合的表达方法。通过学习,我们知道了点面结合的表达方法能够帮助我们更好地塑造人物、推进情节。接下来就请大家从这五部分中任意选择一部分来讲。你可以像课文一样,把每一个人物都具体地讲一讲,也可以选择一两个有代表性的点来讲。在讲述的过程中,同学们可以发挥想象,想象五壮士的语言、神态、举动等,把这部分内容讲得更具体。

学生选择一个部分讲述故事。

生:五壮士依托着大树和岩石做隐蔽,向敌人射击。到达了山顶,他们的子弹用光了。班长马宝玉也负伤了。战士胡福才手里还剩下一颗手榴弹。他刚要拧开盖子,班长马宝玉抢前一步夺过手榴弹,说:"手榴弹等一等再用,山上都是石头,我们用石头砸敌人!"说着,他搬起一块大石头,高高举过头顶,使劲儿向下砸去,顿时砸倒了一大片敌人。副班长葛振林和战士宋学义也学着班长的样子,举起石头使劲儿朝山下砸。近处的石头用光了,两位小战士又从远处搬来一块块巨石。石头像冰雹一样,带着五壮士的决心和仇恨向敌人头上砸去。

生:五位战士完成了掩护任务,准备转移,面前有两条路:一条是通往主力转移的方向,另一条是通向狼牙山的顶峰棋盘陀,走哪条路呢? 班长马宝玉想:如果走主力转移方向的那条路,敌人很快就会追上百姓和连队主力,那样大家就

有危险了。如果走向顶峰棋盘陀，那里三面都是悬崖绝壁，能拖延更多的时间。这虽然是条绝路，但是为了群众，为了连队主力，我们不怕牺牲。于是他斩钉截铁地说了一声："走！"带头向棋盘陀走去。战士们明知这是一条绝路，但是丝毫没有犹豫，紧跟在班长后面。就连最小的战士胡德林和胡福才，他们脸上都没有丝毫惧怕之情。他们的眼神中透露着坚定，一定要把敌人引上绝路。

【设计意图】让学生选择故事片段讲述，促使学生运用点面结合的方法进行表达，发挥想象丰富故事内容，加深对课文的理解，锻炼口语表达能力，同时进一步体会五壮士的英雄气概。

2.写一写。（课后作业）

师：今天我们学习了点面结合的表达方法。老师给大家布置一个作业：我们要请雕塑家为五壮士铸造雕像，请你写一段话，用上点面结合的表达方法，告诉雕塑家应该怎样去雕塑。

【设计意图】布置课后作业，要求学生运用点面结合的方法为雕塑家撰写雕塑建议，将课堂所学知识延伸到课后，实现知识的迁移运用，提高学生的书面表达能力，强化对革命英雄的崇敬之情 。

六、板书设计

> 狼牙山五壮士
>
> 点面结合
>
> 塑造人物　推进情节

第四节

思辨阅读，感悟精神

——六年级《有的人——纪念鲁迅有感》教学课例

一、教材分析

这首诗创作于 1949 年 11 月 1 日鲁迅逝世 13 周年之际，臧克家为缅怀鲁迅而作，表达了对鲁迅先生的怀念之情。这首诗既写出了鲁迅先生和反动统治者对生死价值的不同观点，又写出了人民对这两种人的不同态度。该诗的表达方法也很有特色，通篇采用对比的手法，每节诗前两句都是写反动统治者，后两句则是写鲁迅先生。虽然整首诗都没有出现鲁迅先生的名字，但我们却能处处找到鲁迅先生的身影。整首诗对鲁迅先生伟大的一生进行了充分的肯定和赞美。

二、学情分析

六年级学生处于小学向初中过渡的关键阶段，已具备一定语文基础与阅读能力，但在理解鲁迅相关文章时仍存在挑战。学生在本单元其他课文中也接触过鲁迅的作品及他人描写鲁迅的文章，对其文风与部分思想有初步了解。然而，鲁迅生活在特殊时代，其作品内涵深刻，反映社会现实与复杂人性，这对于涉世未深的六年级学生而言，理解起来颇具难度。因此教学该课时，教师应引导学生全面搜集相关资料，借助资料帮助理解本诗的内容和鲁迅先生的形象。

三、教学目标

1. 能有感情地朗读诗歌，理解诗歌的主要内容。

2. 能借助本单元的课文和搜集的相关资料，感受鲁迅的人物形象和伟大精神。

◆ 教学重难点

能结合"学习提示"的要求，自主搜集、整理与本课学习相关的资料。借助资料进一步感受鲁迅先生的形象。

四、教学准备

课前从多个角度搜集相关资料，为课堂学习做好准备。

五、教学过程

（一）导入新课，揭示学习任务

师：同学们，这个单元我们一起走近鲁迅先生，今天我们要学习本单元的最后一篇课文《有的人——纪念鲁迅有感》。

教师板书课题。

师：在这个单元的学习中，我们借助资料来理解课文内容，对鲁迅先生的了解逐渐深入。今天我们继续借助搜集的资料，通过这首诗，进一步走近鲁迅先生。这篇课文是一篇略读课，阅读课我们怎样来学习？

生：借助课前提示。

指名学生朗读课前导语。

师：通过课前导语，我们知道了这是诗人臧克家为纪念鲁迅逝世十三周年写的一首诗。这节课我们就来结合大家查找的资料，以及本单元前面学过的课文，继续走近鲁迅先生。

（二）分工读文，梳理文章脉络

师：先请同桌同学一起合作读读课文。稍后，老师会请同学们朗读课文，并说明这样合作朗读的理由。

生生合作朗读。

汇报小组一分工如下：

生A读每小节的前两句，生B读每小节后两句。

师：两位同学读完了，请你们来说说这样合作朗读的理由吧。

生：这首诗采用独特的对比手法。我读的内容是描写其他人的内容，张××则朗读描写鲁迅先生的部分。我们通过这样的合作朗读，让诗中鲜明的对比效果得到更生动的展现。

师：同学们，他们这样分工朗读有道理吧？

生：有道理。

师：通过朗读，他们发现了这首诗采用对比手法，不仅描写了鲁迅先生，还描写了跟鲁迅先生相反的一类人。

汇报小组二分工如下：

生A读1-4小节，生B读5-7小节。

师：你们说说这样合作朗读的理由。

生：袁××读的是前四节，这一部分描写了两种人的不同表现；我读的是后三节，这一部分描写了两种人的不同结果。

师：同学们，你们听明白了吗？认可他的说法吗？

生：认可。

师：通过朗读，他们小组发现了这首诗先描写了两种人的不同表现，然后描写了这两种人不同的结果，以及人民对这两种人的不同态度。

汇报小组三分工如下：（该小组改变了诗的顺序）

齐读：有的人活着，

他已经死了；

有的人死了，

他还活着。

生A：有的人

骑在人民头上："啊，我多伟大！"

有的人

俯下身子给人民当牛马。

生B：骑在人民头上的

人民把他摔垮；

给人民作牛马的

人民永远记住他！

生A：有的人

把名字刻入石头，想"不朽"；

有的人

情愿作野草，等着地下的火烧。

生B：把名字刻入石头的

名字比尸首烂得更早；

只要春风吹到的地方

到处是青青的野草。

生A：有的人

他活着别人就不能活；

有的人

他活着为了多数人更好地活。

生B：他活着别人就不能活的人，

他的下场可以看到；

他活着为了多数人更好地活着的人，

群众把他抬举得很高，很高。

师：同学们，这个小组读完了，你们有什么发现吗？

生：我发现他们小组改变了这首诗的顺序。

师：你们能说说理由吗？

生：我们发现第2节和第5节是对应的。第2节先说了"有的人骑在人民头上，有的人俯下身子给人民当牛马"。第5节就说了"骑在人民头上的，人民是怎样对待他的，给人民作牛马的人民是怎样对待他的"。第3节和第6节也是对应的，第4节和第7节还是对应的，所以我们小组就是这样——对应着读。

师：这个小组的同学也很善于思考。他们在朗读中发现了这首诗是对应着来写的。

【设计意图】通过学生合作朗读，让学生在朗读实践中发现诗文内容结构及表达特点。如有的学生感受到诗歌对比的写作手法，体会这种手法对突出不同人物形象和表达情感的作用，培养学生对诗歌结构和表现手法的感知能力 。再如有的小组按小节内容分工朗读，引导学生梳理诗歌内容层次，从不同人的表现、结果以及人民的态度等方面把握诗歌整体脉络，提升学生的文本分析和归纳总结能力。如有的小组对应着读，加深对诗歌内在逻辑关系的理解，发现诗歌前后呼应的特点，进一步体会诗歌严谨的结构和深刻内涵，增强学生对诗歌的鉴赏能力。

（三）结合资料，品读课文，体会人物形象

师：这首诗的主标题是有的人，副标题是——纪念鲁迅有感。可是在整首诗中，都没有出现鲁迅先生的名字。我们就从诗中找一找鲁迅先生的身影。

1. 再读课文，寻找鲁迅身影。

师：通过刚才的朗读，我们知道了诗的前四节写了两种人的不同表现，请你画一画描写鲁迅先生的诗句。

生：有的人死了，他还活着。

生：有的人俯下身子给人民当牛马。

生：有的人情愿作野草，等着地下的火烧。

生：有的人他活着为了多数人更好地活。

师：这首诗的后三节，写了人民对这两种人不同的态度。哪些语句是写人民对鲁迅先生的态度？请你也画下来。

生：给人民作牛马的人民永远记住他！

生：只要春风吹到的地方到处是青青的野草。

生：他活着为了多数人更好地活着的人，群众把他抬举得很高，很高。

【设计意图】培养学生提取关键信息的能力，让学生通过自主阅读，初步从诗句中捕捉鲁迅的形象特点和人民对他的情感态度，为深入理解诗歌奠定基础。

2. 借助资料，体会人物形象。

师：本单元的学习，我们要借助相关资料，理解课文主要内容。在学习这首诗之前，我们已经学习了三篇关于鲁迅先生的文章。前两篇是鲁迅先生所写的文章，第三篇是鲁迅先生的侄女描写伯父的文章。这些课文都可以作为我们学习的资料。课前，同学们又搜集了很多资料。接下来就请大家在小组中合作学习，借助资料，来谈一谈诗人为什么这样描写鲁迅先生，谈一谈自己的感受和发现。

学生在小组中合作学习。

师：我们分成了四个小组，进行前期的搜集资料和交流学习。这四个小组是从不同角度搜集的资料。第一小组搜集了鲁迅先生的故事以及他的一些事迹。第二小组搜集的是鲁迅先生的名言。第三小组搜集的是他人对鲁迅先生的评价。第四小组是借助前面学习的课文作为资料，帮助理解课文内容的。接下来我们就分小组来跟大家进行交流分享。

第一小组汇报：

生：我搜集到一个故事，是鲁迅先生逝世以后的故事：上海和全国各地为他举行了隆重的葬礼和悼念活动。上海民众代表在他的灵柩上覆盖了写有"民族魂"三个大字的旗帜。通过这个故事，我感觉鲁迅先生很伟大。因为在他的葬礼上，不仅是亲朋好友，还有很多来自全国各地的人，说明鲁迅先生是一位伟大、有

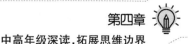
影响力的作家。课文的第五小节写道"给人民作牛马的人民永远记住他"，最后一节也写道"群众把他抬举得很高很高"。从这个故事中我感觉到人民对鲁迅先生的爱戴。他虽然去世了，但是人民会永远记住他，并且把他抬举得很高很高。

师：这个故事真让人感动，正是因为鲁迅先生给人民做牛马，他为了多数人更好地活，因此得到了人民群众的爱戴。请你带着自己的感受，把人民对鲁迅先生的评价再来给大家读一读。

学生有感情朗读诗句。

生：我跟大家分享一个鲁迅先生的故事：鲁迅先生对青年非常爱护，真正做到了"俯首甘为孺子牛"。不少青年作家寄来函稿，请鲁迅先生为他们修改或是出版编辑，鲁迅先生总是戴上老花镜工作到深夜。还有许多相识或不识的青年，经常写信向他请教。鲁迅先生也会详细地一一回复。通过这个故事，我感受到鲁迅先生不辞劳苦、乐于帮助青年人。这种无私奉献的精神，就像诗中所写到的那样"他俯下身子给人民当牛马""他活着是为了多数人更好地活"。

教师引导学生带着自己的理解有感情地朗读诗句。

生：鲁迅少年时候在三味书屋读书，每天按时上学。但是有一天迟到了，受到了老师的责备。他就在书桌上刻了个"早"字，一辈子记住了这件事，以后再也没有迟到过。我认为鲁迅从小就有坚持不懈、刻苦勤奋、迎难而上的精神品质。所以我联想到诗中有一句话"有的人他活着为了多数人更好地活"。在革命工作中鲁迅先生也遇到了很多困难、磨难和挫折，但是他仍然坚定自己的信念。

师：是呀，鲁迅先生从小就有这种不怕困难的精神。所以他才坚持战斗，情愿做野草，等着地下的火烧，为了别人能更好地活着。

生：我分享一个鲁迅先生在北京的故事。有一天，一个不太熟悉的青年跑了进来，脱下靴子往地上一扔，让鲁迅拿到外面修补。于是鲁迅就提着两只破靴子到巷子里寻修鞋摊子去了。过了一个时辰，鲁迅提着修好的靴子回来了。那个青年还嫌慢。从这个故事里我看到鲁迅先生对青年的包容、爱护，他真正做到了"俯下身子给人民做牛马"。

教师引导学生带着自己的理解有感情地朗读诗句。

师：第一小组的同学为我们分享了鲁迅先生的故事和他的事迹，让我们感受到了鲁迅先生甘于给人民做牛马的无私奉献的精神。接下来请第二小组的同学进行分享。

第二小组汇报：

生：鲁迅先生在《记念刘和珍君》中写道："真的猛士，敢于直面惨淡的人生，敢于正视淋漓的鲜血。"我理解这句话的意思是，真正勇敢的人面对现实，面对死亡没有一丝退缩。由此我联想到诗中说"有的人情愿做野草，等着地下的火烧"，说明鲁迅先生为了革命不怕牺牲，体现了他斗争到底的精神。

生：我要分享两句鲁迅先生的名言。第一句是"无穷的远方，无数的人们，都与我有关"，这句话出自鲁迅的《且介亭杂文末集·这也是生活》。鲁迅先生觉得国家和民族的未来、人民的疾苦都是与自己息息相关的，正如诗中所写"有的人他活着为了多数人更好地活"，鲁迅先生认为，每一个中国人都应该尽自己的努力，为国家和民族的前途和命运，为人民贡献自己的力量。第二句是鲁迅《自嘲》里的"横眉冷对千夫指，俯首甘为孺子牛"，这句话说明鲁迅先生对敌人绝不屈服，对人民群众却愿意俯下身子给人民当牛马，为人民大众服务。

生：我再补充一句鲁迅先生的名言——我好像是一只牛，吃的是草，挤出的是牛奶、血。我体会到这句话写鲁迅先生自己过的是简单的生活，却把自己的所有都奉献给了国家和人民。他把自己比作一头牛，表达了他愿意给人民作牛马，为人民服务的愿望，也表达了他是为了让多数人更好地活，这种无私奉献的精神。

教师引导学生带着自己的理解有感情地朗读诗句。

第三小组汇报：

生：我要分享叶圣陶先生评价鲁迅先生的一句话："与其说鲁迅先生的精神不死，不如说鲁迅先生的精神正在发芽滋长，播散到大众的心里。"我还要分享一句，是毛主席评价鲁迅先生的话："鲁迅是在文化战线上，代表全民族的大多数，向着敌人冲锋陷阵的最正确、最勇敢、最坚决、最忠实、最热忱的空前的民族英雄。"从这两句话中，我们小组感受到鲁迅先生的精神感染了一代又一代人。我联想到了课文中的"只要春风吹到的地方，到处是青青的野草"，说明鲁迅先生的精神已经传播到了全国各地，感染了许多中国人。

生：我们小组还搜集到了许多别人对鲁迅先生的评价，还有很多外国作家对鲁迅先生的评价。很多人都评价鲁迅先生是最伟大的作家，说明他的精神不仅感染了一代又一代的中国人，还感动了外国人。课文中说"有的人骑在人民头上：'啊，我多伟大！'"鲁迅先一生都在无私奉献，他不像诗中的这种人，自己说自己伟大，但是别人都认为他很伟大。

师：是的，同学们。通过搜集这些资料并交流，我们一步步走近鲁迅先生。在这个过程中，我们也更加体会到，他是一位真正伟大的人。

第四小组汇报：

生：课文《我的伯父鲁迅先生》第一自然段是这样写的："伯父去世了，他的遗体躺在万国殡仪馆的礼堂里，许多人都来追悼他，向他致敬，有的甚至失声痛哭。数不清的挽联挂满了墙壁，大大小小的花圈堆满了整间屋子。送挽联、送花圈的，有工人，有学生，各色各样的人都有。那时候我有点惊异了，为什么伯父得到这么多人的爱戴？"由此，我就理解了这首诗的最后一节"他活着为了多数人更好地活的人，群众把他抬举得很高很高"。鲁迅先生之所以受到全国人民的爱戴，就是因为他一生无私奉献，为了别人更好地活，献出自己的一生，所以群众把他抬举得很高很高。

生：《我的伯父鲁迅先生》这篇课文里写了一个故事，是鲁迅帮助了一位车夫。鲁迅先生给他包扎伤口，还给了他一些钱。他是真心乐于帮助别人。

生：在这篇课文中，鲁迅还时常关心家里的女佣阿三。他虽然自己也生着病，但还是劝阿三多休息，不要干重活。我觉得鲁迅先生他总是一心为别人着想。

师：是呀，鲁迅先生时时处处为别人着想，他活着是为了——

生：多数人更好地活。

师：所以——

生：人民永远记住他。

师：群众——

生：把他抬举得很高，很高。

【设计意图】引导学生从不同角度收集资料。第一小组分享故事事迹，旨在引导学生借助具体事例，将抽象的鲁迅形象具象化，让学生从生活细节中感受鲁迅的精神品质，拉近学生与鲁迅的距离，增强情感共鸣，同时学会用具体事例支撑对人物的理解。第二小组收集鲁迅名言，通过解读鲁迅名言，深入挖掘其思想内涵，引导学生从不同角度理解鲁迅的精神世界，提升学生对文学作品中语言内涵的理解能力，进一步体会诗歌中对鲁迅精神的表达。第三小组分享他人对鲁迅地评价，从他人的视角拓宽学生对鲁迅的认识，感受鲁迅精神的广泛影响力，加深学生对鲁迅伟大形象的认知，同时学会从多元评价中丰富对人物的理解。第四小组结合本单元课文，强化单元学习的整体性，引导学生运用已学知识辅助理解新内容，培养学生知识迁移和综合运用的能力，进一步体会鲁迅在不同作品中的形象一致性和精神内涵的连贯性。

（四）总结全文，有感情朗读诗歌

师：同学们，今天我们分小组从不同的角度搜集到了很多关于鲁迅先生的资料，这些资料帮助我们更好地理解这首诗的内容。同时我们也更深刻地认识到，鲁迅先生就是这样一位一心为民、无私奉献，为了国家和民族勇于斗争，甘愿牺牲的伟大的人。因此，我们永远记住他、爱戴他。接下来让我们带着这样的理解，一起再来读一读这首诗。

师生一起朗读诗歌。

生：同学们，虽然我们已经学完了本单元最后一篇与鲁迅先生有关的课文，对鲁迅先生也有了一定的了解，但是我们对鲁迅先生精神的传承要永远延续下去，对鲁迅先生更进一步的了解还应继续。课后，同学们可以自主搜集鲁迅先生的其他文章读一读，搜集与鲁迅先生有关的更多资料来帮助我们了解人物，理解内容。下课！

【设计意图】体会人物形象后让学生带着对鲁迅的崇敬之情朗读诗歌,在朗读中再次感受诗歌情感,加深对诗歌的记忆和理解,同时达到情感教育的目的,激发学生传承鲁迅精神的意愿。鼓励学生在课后继续拓展学习,培养学生自主学习的习惯,让学生在更广泛的阅读和资料搜集过程中,进一步深入了解鲁迅,拓宽知识视野,全面提升语文综合素养。

六、板书设计

有的人

——纪念鲁迅有感

(教师根据学生汇报相机板书)

无私奉献

革命到底

不怕牺牲

......

第五章

口语书面并举，提升表达素养

口语交际、习作教学与思维培养

表达课教学,包括口语交际和习作,是小学语文教学中培养学生语言能力和思维能力的重要环节。语言是思维的外壳,表达是思维的动态呈现。在表达课教学中,教师应通过创设情境、提供支架、引导互动与反思等方式,促进学生语言与思维的共同发展,培养学生的逻辑思维、批判性思维和创造性思维。

创设情境,激活思维,激发表达欲望

情境创设是表达课教学的重要起点,能够为学生提供具体的语言实践环境。无论是口语交际还是习作,真实而生动的情境都能有效激发学生的表达欲望,激活他们的思维。通过创设与生活密切相关的情境,教师可以引导学生将抽象的语言和思维能力转化为具体的表达实践。在统编教材小学语文三年级下册的习作"我的植物朋友"中,教师可以创设一个"植物博览会"的情境,让学生在模拟的展览会上介绍自己的植物朋友。这种情境不仅为学生提供了表达的动机,还帮助他们从具体的生活经验中提取思维素材,培养观察力和想象力。

搭建支架,引导思维,支持表达能力

在表达课教学中,教师应为学生提供适当的支架,帮助他们更好地组织语言和表达思想。支架的作用在于引导学生逐步构建逻辑清晰、内容丰富的表达框架。对于口语交际,教师可以通过引导交际双方表达与应对,促使学生深入思考,有条理地表达观点。在习作教学中,教师可以引导学生梳理思维导图、写作提纲等支架,帮助学生理清思路。例如,在统编教材四年级上册的习作"推荐一个好地方"教学时,教师可以引导学生通过思维导图梳理"好地方"的特点、理由和感受,从而培养逻辑思维能力。

多元互动与实践,拓展思维,丰富表达形式

表达课教学不仅是语言的输出,更是思维的互动与实践。教师应通过小组讨论、合作分享等多种形式,引导学生从不同角度思考问题,拓展思维的广度和深度。例如,在五年级习作课"二十年后的家乡"主题中,教师可以组织学生进

行小组讨论,让他们设想未来家乡的巨变,并在全班进行汇报、分享,引导生生互动、启发。在习作教学中,教师可以鼓励学生尝试写诗歌、故事、日记、书信等多种文体,激发创造力。同时,跨学科创作也能帮助学生整合不同领域的知识,提升综合思维能力。

反思与修改,深化思维,完善表达

反思与修改是表达课教学中提升学生思维能力和语言水平的重要环节。在口语交际和习作完成后,教师应引导学生进行自我反思和同伴互评,帮助他们发现表达中的问题并进行改进。统编教材注重习作的评价和修改,教材三至六年级的习作中明确提出"修改"习作的占习作练习总量的50%左右。另外,教材也对修改习作的方法做出了指导,提出了"自己读一读"或"读给他人听"等要求,这其实是在教会学生怎样修改自己的习作。在习作教学中,教师可以引导学生从"是否表达清楚""是否具有感染力""是否有逻辑性"等方面进行反思和修改。这种反思与修改不仅帮助学生完善语言表达,还能深化思维,培养独立思考的习惯。

口语互动，提升表达

——一年级口语交际《打电话》教学课例

一、教材分析

本次口语交际的内容——打电话，非常贴近学生的生活实际，有利于在教学中为学生创设真实、轻松的交际情境，有效激发学生参与交际的欲望。教材图文并茂地呈现了李中给张阳一次打电话的情景，为学生学习打电话提供了非常直观的范例。口语交际的两项学习提示，对学生"打电话"的方法、态度进行了具体指导。这些内容有利于教师引导学生在了解打电话的一般要求的过程中，形成基本的交际能力。

二、学情分析

一年级学生处于语言发展的关键时期，学生在日常生活中接触过电话，对其基本功能有一定了解，这为本次课程学习奠定了初步的生活认知基础。然而，他们对于打电话的规范流程与礼貌用语的运用尚不明晰，如可能会在通话时忘记自报家门，导致对方无法迅速知晓来电者身份；也可能因未掌握恰当的礼貌表达方式，使交流显得生硬或不礼貌。此阶段学生的语言表达多为简单直白的短句，词汇量有限，在描述复杂事情或表达自身想法时会稍显吃力。一年级学生形象思维占据主导，对生动有趣、直观形象的教学内容和形式充满兴趣，在学习过程中自主学习能力较弱，需要教师精心创设情境、明确指令，并给予充分的示范与引导，帮助他们逐步掌握打电话的技巧与要点，提升口语交际能力。

三、教学目标

1. 了解打电话的一般步骤，初步学会独立打电话和接电话。

2. 在接打电话的过程中，能听明白别人表达的意思，同时能说清楚自己想表达的意思。

3. 接打电话时，注意使用礼貌用语。

◆ **教学重难点**

在接打电话的过程中，既能听明白别人表达的意思，又能说清楚自己的意思，听不清楚的时候主动询问，同时注意做到有礼貌。

四、教学准备

录制与教材相关的音频资料。

五、教学过程

（一）导入新课，了解打电话的一般步骤

师：同学们，今天我们来上一节口语交际课。老师先请同学们听一个声音，你们猜猜这是什么声音？

生：电话的声音。

生：拨电话号码的声音。

师：猜对了，打电话前我们要先拨电话号码，电话接通了，我们就可以跟别人通话了。今天我们口语交际的内容就是"打电话"，看老师写课题。（板书课题"打电话"）。

【设计意图】通过播放电话声音,迅速吸引学生注意力,将学生带入与"打电话"相关的情境中。这种直观的导入方式,贴近学生生活,能让学生快速进入本节课的学习主题,激发他们对后续学习的兴趣,为顺利开展口语交际教学奠定基础 。

(二)情境体验,学习怎样与别人打电话

1.听音频,感知打电话的基本过程。

(1)播放音频（教材中李中给张阳妈妈打电话的内容）。

内容如下:

阿姨:喂,你好。请问你找谁?

李中:阿姨,您好。我是张阳的同学李中。请问张阳在家吗?

阿姨:他在家。你稍等一下,我叫他。

李中:谢谢。

师:我们先来听听别人是怎样打电话的。请你竖起小耳朵仔细听,听一听是谁打的电话? 是谁接的电话? 一会儿老师可要来问你。

(2)交流感受。

师:你们听清楚了吗?

生:听清楚了。

师:是谁打的电话?

生:张阳的同学李中。

师:你说得特别清楚。是谁接的电话?

生:阿姨。

生:张阳的妈妈。

师:老师再问一个问题,看看谁听清楚了。李中打电话想找谁?

生:找张阳。

师:你们都说对了,这说明刚才你们一定认真地听了,所以听得特别清楚。

【设计意图】借助音频呈现打电话场景,更能提高学生的注意力,让学生从他人的对话中初步感知打电话的基本流程,包括称呼、自我介绍、询问事情等环节。在交流环节,通过提问引导学生关注细节,培养学生的倾听能力和信息提取能力,为后续的模仿练习提供范例和认知基础。

2.模拟情境打电话,了解简单的注意事项。

(1)组织交际体验。

师生分角色表演打电话的情景。教师扮演张阳的妈妈,指名学生扮演李中,再现李中与张阳妈妈打电话的情景。

师:既然同学们都听得那么清楚,接下来我们就学一学他们打电话。老师也想跟你们一起配合。你们觉得老师来扮演谁好呢?

生:张阳的妈妈。

师:谁愿意扮演李中,跟老师合作呢?

给全班同学提出倾听要求:

师:同学们,你们一起仔细听,看看我们学得怎么样?

(2)发现注意事项。

组织学生进行听后评价。

师:我们学得怎么样?

生:特别好。

生:跟录音一模一样。

师:你们觉得李中这样打电话哪里好?

生:他用了"您"字。

生:他还说了"谢谢",有礼貌。

师:是呀,他使用了礼貌用语。你们发现了吗?李中还说了一句话也特别重要,是哪一句?

生:我是张阳的同学李中。请问张阳在家吗?

师:这句话为什么特别重要?

生:他在介绍自己。

师：为什么我们给别人打电话一定要介绍自己啊？

生：让别人知道自己是谁。

师：看来我们给别人打电话时，要先介绍自己，这样别人才能清楚、明白，继续跟我们沟通。

（3）小结注意事项。

师：通过刚才的学习，我们知道了，打电话时应注意：①使用礼貌用语。②先介绍自己是谁。（板书："谁"）

【设计意图】通过师生模拟打电话，让学生在真实体验中感受打电话的氛围，将理论认知转化为实际操作。听后评价环节，引导学生发现并总结打电话时礼貌用语、自我介绍等注意事项，培养学生的观察能力和评价能力，强化正确的交际行为，提高口语交际水平。

3. 练习给别人打电话，巩固交际收获。

（1）师生练习。

创设真实交际情境，教师扮演张阳的妈妈，引导学生打电话时介绍清楚自己的名字。

师：假如让你给张阳打电话，你会打吗？

生：会。

师：老师还来扮演张阳的妈妈，如果是你给张阳打电话，你会怎么说？

生：阿姨，您好！我是张阳的同学刘××。请问张阳在家吗？

生：阿姨，您好！我是张阳的同学王××。请问张阳在家吗？

（2）根据音频中接电话的声音练习应对。

在音频中先后出示叔叔、爷爷、小妹妹接电话的声音，让学生利用音频进行交际练习。

师：老师给大家提高点难度，谁敢挑战？

挑战①：播放青年男声音频，内容如下：

叔叔：喂，你好。请问你找谁？

生：叔叔，您好！我是张阳的同学赵××。请问张阳在家吗？

播放青年男声音频，内容如下：

叔叔：他在家。你稍等一下，我叫他。

生：谢谢。

挑战②：播放老年男声音频，内容如下：

爷爷：喂，你好。请问你找谁？

生：爷爷，您好！我是张阳的同学孙××。请问张阳在家吗？

播放老年男声音频，内容如下：

爷爷：他在家。你稍等一下，我叫他。

生：谢谢。

挑战③：播放幼年女声音频，内容如下：（全班一起挑战）

妹妹：喂，你好。请问你找谁？

生：小妹妹，你好！我是张阳的同学××。请问张阳在家吗？

播放幼年女声音频，内容如下：

妹妹：他在家。你稍等一下，我叫他。

生：谢谢。

（3）小结注意事项。

师：同学们，你们给别人打电话时真有礼貌，不仅能说清楚自己是谁，而且还能根据接电话人的不同，变换不同的称呼，真了不起。

【设计意图】设置多种真实交际情境，让学生在与教师及不同音频角色的互动中，巩固打电话的技巧。根据接电话人变换称呼的练习，培养学生的应对能力和语言运用能力，使学生能根据不同交际对象调整表达方式，进一步提升口语交际的实用性和灵活性。

（三）情境练习，体会接打电话的交际要求

1. 在打电话中练习表达。

（1）关联生活，引出交际任务。

师：你平时在生活中还给谁打过电话？

生：我给我妈妈和姥姥打过电话。

生：我给爸爸打过电话。

生：我给我的好朋友打过电话。

师：你们给老师打过电话吗？

生：有一次，我发烧了，我给老师打电话请假。

生：有一次，我病了，给老师打电话问作业。

师：有一位同学，他遇到一些困难，想请同学们帮帮他。你们愿意吗？

出示任务——打电话向老师请假。

（2）提出"说清楚"的交际要求。

创设"打电话向老师请假"的情境。

师：这位同学需要打电话向老师请假。我们先来帮他想一想，他需要说清楚什么呢？

生：说清楚自己是谁。

生：要用礼貌用语。

生：说清楚请假这件事。

师：我听懂你的意思了，你是想说，他需要说清楚自己为什么请假，对吗？还有补充吗？

生：还要说清楚自己要找谁。

师：大家帮这位同学想得真全面。接下来，咱就给他做个示范吧。

（3）组织交际体验。

师：谁愿意示范一下怎样打电话向老师请假？

师生进行打电话交际练习，内容如下：

师：喂，你好，请问你找谁？

生：您好，我找刘老师。

师：我就是刘老师，请问你是谁？

生：我是你们班的刘××。

师：你找老师有什么事吗？

生：刘老师，我发烧了，想请一天假。

师：好的，你想请几天假？老师没听清楚。

生：我想请一天假。

师：好的，我知道啦。你好好休息吧，再见。

生：再见。

师：同学们，他给老师打电话请假，你们听清楚他们在说什么吗？

生：他对老师说"您"，有礼貌。

生：他说自己是谁了。

生：他说了请假的时间。

师：他不光说了请假原因，还说了一个特别重要的信息，谁听清楚了？

生：他说了请假几天。

师：这位同学向老师请假，说得真清楚，做出了很好的示范。还有谁也想给屏幕里的同学做示范？

教师组织学生继续进行交际。

（4）小结。

师：同学们打电话向老师请假，说得真清楚，老师听得很明白。你们为什么能说得那么清楚呢？刚才给老师打电话之前，大家先做什么了？

生：想好说什么。

师：看来给别人打电话之前先想一想自己要说什么，想清楚就能说得清楚。（板书："说清楚"）

【设计意图】结合学生生活中可能遇到的请假场景，将口语交际与实际生活紧密联系，让学生意识到口语交际在生活中的实用性。通过思考请假需说清的内容及示范练习，培养学生有条理地组织语言的能力，明确"说清楚"前可以先"想清楚"，提高学生解决实际问题的能力。

2. 在接电话中尝试应对。

（1）创设"接听电话"的情境。

师：你在家里接到过电话吗？假如这里就是你的家，爸爸妈妈都出去买菜了，家里只有你一个人。你听，家里的电话响了，谁愿意来接这个电话？

生：喂，您好。请问您找谁？

（2）在情境中，体会交际中要注意"听明白"。

播放应答录音①：你好，孩子。我是你爸爸的朋友王叔叔，请问你爸爸在家吗？

生：王叔叔，我爸爸不在家，他出去买菜了。

播放应答录音②：我有些工作上的事情想跟你爸爸说，你能转告他一下吗？

生：能。

播放应答录音③：请他明天上午九点，到三楼会议室，开一个《综合自动化设计联络会》，别忘了带资料，你记住了吗？

生：我没记住。

师：同学们，他没记住王叔叔的话，这可怎么办啊？

生：可以让王叔叔再说一遍。

师：是的，打电话时如果没听清楚，可以请对方再重复一遍。（板书："问"）

师：谁愿意来问一问？

生：王叔叔，我没听清楚，您再说一次行吗？

播放应答录音④：请他明天上午九点带资料去会议室开会。

指名转述电话内容。

生：请他明天上午九点去会议室开会，别忘带资料。

指名学生与音频进行完整的打电话交际。

师：现在爸爸买菜回来了，你能把刚才接电话的内容告诉爸爸吗？

生：爸爸，刚才王叔叔来电话，让您明天上午九点去三楼会议室开会，别忘带资料。

（3）小结收获。

师：打电话时，没听清楚或是没记住的地方，可以问一问，请对方重复一遍，这样就能听得明白了。（板书："听明白"）老师这里有一首小儿歌，帮助同学们记住打电话的注意事项，我们一起边拍手打节奏边读一读。

小儿歌：打电话，先问好，

自我介绍别忘掉。

要把事情说清楚，

言谈话语有礼貌。

没听明白可以问，

说清听清最重要。

【设计意图】创设接听电话的生活场景，让学生在实践中体会"听明白"的重要性。当学生出现没记住信息的情况时，引导他们学会主动询问，培养学生的倾听习惯和解决问题的能力。转述电话内容的练习，进一步锻炼学生的信息记忆和表述能力，提升口语交际的综合素养。

3. 创设"给同学打电话"的情境，自主进行"说清楚""听明白"的交际实践。

（1）教师出示"约同学踢球、问作业、找同学借书"三个情境，任选一个同桌进行交际。

师：同学们，看来你们都学会怎样打电话了。你们愿不愿意跟身边的小伙伴练习打电话？老师这里有三个情境，我们给同学打电话可能是约同学踢球，也有可能是问作业，还有可能是找同学借书，当然也有可能是因为其他的事情。请你选择一个情境，与同桌的小伙伴一起练一练打电话。打电话前先想清楚自己想说什么事情，电话接通后说清楚自己的意思，接电话的同学听不明白的地方可以问明白。

同桌进行交际。

（2）全班汇报，组织学生间的评价。

请一组同学进行汇报,内容如下:

生1:喂,你好,你找谁?

生2:陈╳╳,你好。我是你的同学方╳╳。

生1:你有什么事?

生2:我想约你下楼踢足球。

生1:好的。

生2:再见。

生1:再见。

师:同学们,他们的电话打完了,谁来评价评价?

生:他们很有礼貌。

生:他们介绍了自己是谁。

师:你们想一想,他们能踢成足球吗?

生:不能,他们没说什么时间踢。

生:他们没说去哪里。

师对生2:你想约他踢足球,怎么没说时间和地点啊?

生2:(笑)我忘了。

师对生1:他忘说了也没关系,你可以怎样?

生1:我可以问问。

师:你们能再打一次电话,把这件事情说清楚吗?

请这组同学进行汇报,内容如下:

生1:喂,你好,你找谁?

生2:陈╳╳,你好。我是你的同学方╳╳。

生1:你有什么事?

生2:我想约你九点踢足球。

生1:好的。咱们去哪踢啊?

生2:去楼下的足球场。

生1：好的，再见。

师：同学们，这次他们能踢成足球了吗？

生：能。

生：不能，他们没说上午九点还是晚上九点。

师：哦，把时间说得再准确一些就好了。听了他们打电话，同学们一定受到了启发，大家在小组中再练一练，把刚才没说清楚的地方说清楚。

请一组同学继续进行汇报，内容如下：

生1：喂，你找谁？

生2：吴××，你好。我是你的同学李××。你有一本《西游记》，我想借来看一看。

生1：可以。

生2：你下午四点下楼，把书给我拿下来行吗？

生1：好的。

生2：谢谢。

生1：是在我们家楼下见面吗？

生2：是。

生1：好的。再见。

师：同学们，你们觉得他们借书能借成吗？

生：能。

师：为什么？

生：他们说清楚了时间和地点。

生：他们还说清楚了书的名字。

师：是的，这组同学说得特别清楚。这位女同学有一点做得特别好，你们发现了吗？

生：她没听见在楼下见面，她又问了一遍。

选择其他情境的小组继续汇报，组织学生间的评价。

【设计意图】提供多个贴近学生生活的情境,让学生自主选择进行交际练习,给予学生充分的实践机会,培养学生的自主学习能力、合作能力和交际能力。全班汇报和评价环节,能让学生相互学习、相互启发,发现交际过程中的问题并及时改进,强化"说清楚、听明白"的交际要求,提高口语交际的准确性和流畅性。

(四)总结

师:同学们,今天我们学会了怎样打电话。打电话这件小事里也藏着大学问呢。希望以后同学们打电话时,别忘了先介绍自己是谁,做到说清楚、听明白,没听清楚可以问明白,也要恰当使用礼貌用语,更好地与人沟通。

六、板书设计

> 打电话
> 说清楚(谁)
> 听明白(问)

探究实验，激发思维

——三年级习作《我做了一项小实验》教学课例

一、教材分析

本单元的主题是观察，每一篇课文都体现了作者细致入微的观察。单元语文要素关于习作的要求是观察事物的变化，把实验过程写清楚。本单元的习作要求学生写自己曾经做过的一项小实验，旨在培养学生留心观察的习惯和有序表达的能力。教材通过图表支架，引导学生梳理小实验的主要信息，习作指导课要充分发挥图表支架的作用，帮助学生理清思路，有序表达。

二、学情分析

《义务教育语文课程标准（2022年版）》总目标和三个学段目标"表达与交流"关于"观察"有着一定的要求，统编教材中的观察序列对于学生观察能力的培养呈螺旋上升。三年级学生处于习作起步阶段，在本次习作教学前，学生虽然已经有过观察体验，但在将观察转化为有条理的文字表达上仍存在困难，特别是讲清楚自己在实验过程中有趣的发现和心情需要教师的进一步引导。

三、教学目标

1. 借助实验记录表，将自己做的小实验的过程有序说清楚。

2. 能说清楚自己在实验过程中的心情和有趣的发现。

3. 与伙伴交流中,发现自己讲述不够清楚的地方从而纠正,为完成习作打好基础。

◆ **教学重点**

根据实验记录表按顺序将实验过程讲清楚,乐于与伙伴交流,发现自己讲述不清楚的地方予以纠正。

◆ **教学难点**

讲述实验过程时,能说一说自己的心情和有趣的发现,使实验过程讲述得更加清楚。

四、教学准备

1. 师生共同做实验——鸡蛋能"游"到水面吗?

2. 学生自主做自己喜欢的小实验。

五、教学过程

(一)谈话导入,揭示习作主题

师:今天我们来上一节习作课。本单元中,我们学习了《蜜蜂》一课,同学们对做实验充满了兴趣,今天的习作课我们就来聊聊自己做的小实验。(板书课题)

(二)指导梳理"实验记录表",讲清小实验

1. 出示"实验记录表",明确梳理任务。

师:昨天,我们一起做了一个小实验,你们还记得吗?

生:记得。

师:下面,我们就一起来借助这份"实验记录表"整理实验的相关信息。

出示实验记录表：

表5-1　实验记录表

实验名称：
实验准备：
实验过程： 第一步， 第二步， 第三步， ……
实验结果：

2. 梳理"实验记录表"的部分内容。

师：谁还记得我们做了什么实验？

生：鸡蛋能不能"游"到水面上来。

教师在"实验记录表"上出示实验名称——鸡蛋能"游"出水面吗？

师：在做实验之前我们首先做了什么？

生：准备实验要用的东西。

师：还记得我们为这个实验做了哪些准备吗？

生：准备了鸡蛋。

生：还准备了杯子、水和食用盐。

师：你记得真清楚。谁还能补充内容？

生：还有筷子。

生：还有杯子且是透明的。

师：这个同学的补充内容很重要，透明的杯子能让我们看得更清楚。同学们说得真全面，我们一起把实验准备记录下来。

教师在"实验记录表"上记录实验准备——玻璃杯、水、鸡蛋、盐、筷子。

师：下面就来回忆实验过程，我们按照步骤做。第一步，谁还记得我们是怎样做的？

生:第一步先往玻璃杯里倒水。

教师出示前一天做实验往玻璃杯里倒水的图片。

师:你们看,我们昨天做实验时是这样倒水的。谁能根据你看到的实验过程,把第一步的做法说得再清楚一些。

生:往玻璃杯里倒多半杯水。

生:往玻璃杯里倒三分之二杯水。

师:你们的数学知识学得真好。

生:往玻璃杯里倒多半杯凉水。

师:同学们越说越清楚了。

教师在"实验记录表"上记录实验步骤——第一步,倒多半杯水。

师:接下来,我们一起回忆实验的第二步,谁还记得我们是怎样做的?

生:把鸡蛋放进玻璃杯里。

播放前一天做实验的视频:把鸡蛋放入水中,鸡蛋沉到水底。

师:这是我们昨天做这一步实验的视频,这位男同学把鸡蛋放进了玻璃杯里。你觉得除了说清楚他的做法,还应该说清楚什么?

生:还得说清楚鸡蛋沉了下去。

教师在"实验记录表"上记录实验步骤——第二步,鸡蛋——放——沉。

师:下面我们来回忆第三步,谁还记得我们是怎样做的?

生:往水里放了好几勺盐。

师:还有补充吗?

生:还要搅拌。

教师在"实验记录表"上记录实验步骤——第三步,放盐——搅拌。

师:你们想起来实验的结果了吗?

生:鸡蛋浮出水面了。

教师在"实验记录表"上记录实验结果——鸡蛋游到水面。

【设计意图】通过回顾实验,引导学生梳理关键信息,将抽象的实验过程细化为具体的记录内容，培养学生的观察力和信息整理能力。让学生明确实验记录的要点，为后续有序讲述实验过程做铺垫，同时使学生意识到做实验要有条理、有记录的意识。

3. 讲述实验过程，体会有序表达。

师：在大家共同的努力下，我们一起回顾了昨天做的小实验。下面老师想请同学借助"实验记录表"上面的提示，按照步骤说一说实验的过程。其他同学仔细听，听不懂的地方，一会儿可以提出来。

生：第一步，往玻璃杯里倒上多半杯水；第二步，把鸡蛋放进去；第三步，我们再把盐放进去，搅拌均匀，鸡蛋就浮出水面了。

师：你们听明白了吗？

生：听明白了。

师：你们听明白了，证明他说得很清楚。你们发现他是怎样把实验过程说清楚的吗？

生：他先说了第一步，然后说第二步，最后说第三步，这样就把实验说清楚了。

师：是呀，他是按照实验的顺序把实验过程说清楚的。看来，我们要想把小实验说清楚，就要有序地表达。（教师板书"有序"）

师：同学们，你们听明白她是怎样按顺序把实验过程说清楚的了吗？她说了几个词，这几个词一听就知道是按顺序去说的。

生：第一步、第二步、第三步。

师：是的，在介绍小实验的时候，使用这样表示顺序的词语，就能把实验过程说得更清楚，更有条理了。

【设计意图】让学生通过倾听伙伴按顺序讲述实验过程，体会到有序表达能使内容更清楚、明白。教师引导学生关注表示顺序的词语，强化学生对有序表达的认知，使学生在后续讲述和写作中学会运用这种方式，提升语言表达的逻辑性和条理性。

4.说清楚实验中的发现和心情。

师：昨天做实验的时候，你们觉得实验的哪一步最有意思？

生：第三步。

师：为什么？

生：我觉得鸡蛋最后能游到水面上特别神奇。

教师在实验记录表相应位置出示放大镜的图片。

师：我听出来了，因为你们发现鸡蛋在水里慢慢变化。有了新发现，就会觉得有趣。（教师板书"发现"）

师：当你发现鸡蛋在水里慢慢变化时，谁出现这样的心情了？

教师在实验记录表相应位置出示惊讶表情的图片。

师：那么多同学举手，你们当时一定很惊讶。为什么惊讶？

生：鸡蛋本来在水底，后来游到水面上来。

师：当你发现鸡蛋在水里慢慢变化时，谁出现这样的心情了？

教师在实验记录表相应位置出示疑惑表情的图片。

师：为什么疑惑？

生：为什么水里加了盐，鸡蛋就能浮到水面上来呢？

师：看来在实验过程中，同学们的心情各不相同（教师板书"心情"）。如果我们在讲述实验过程时，既做到有序表达，又能把自己当时的发现和心情表达出来，就能把实验过程说得更加清楚了。（教师板书"清楚"）

【设计意图】引导学生关注实验中的情感体验和新发现，丰富实验讲述的内容。让学生明白，除了实验步骤，自身的感受和发现能使讲述更生动、更吸引人，这样做可以培养学生不仅关注实验本身，还注重情感与思考的表达，提高学生综合表达能力，有利于学生后续将习作写得更加生动。

5.将整个实验讲清楚。

师：既然这个实验那么有趣，谁能按照实验记录表将整个小实验讲清楚？在讲述实验过程的时候，把你有趣的发现或疑惑的心情也说清楚？

生：我做了一个小实验，实验的名字是"鸡蛋能游到水面吗"。做实验之前，我准备了一个玻璃杯、一瓶水、一个鸡蛋、一双筷子和一袋食用盐。我先往玻璃杯里倒了多半杯水，然后把鸡蛋放到玻璃杯里。鸡蛋一下子就沉到水底了。然后，老师就让我们往杯里放盐。老师还帮助我们一起搅拌。我们放了好几勺盐，搅拌搅拌，我就发现鸡蛋浮到水面上来了。我当时觉得特别惊讶，为什么放了盐之后，鸡蛋就能浮到水面上呢？

师：他说得怎么样？清楚吗？

生：他按顺序说了。

生：他说了自己的发现。

生：他说了自己的心情。

师：刚才我们一起回忆昨天做的小实验，梳理了实验记录表，同学们学会了有序地表达并将实验过程讲清楚，还说出做实验时有趣的发现和自己的心情，将实验过程说得更清楚了。

（三）学生根据自己的实验，整理记录表并讲清楚

1. 学生自主整理"实验记录表"。

师：昨天晚上，你们在家是不是也做小实验了？

生：做了。

师：请同学们拿出自己的实验记录表，梳理并填写，一会儿我们来交流。

【设计意图】给予学生自主整理的时间，巩固之前学习的记录方法，让学生将自己的实验经历条理化、清晰化。同时，为学生提供自我反思和完善的机会，为后续的讲述交流作准备，培养学生自主学习和整理归纳的能力。

2. 通过询问引导汇报者说清实验。

指名汇报。

师：这位同学要跟大家交流他做的小实验。我们一起听听他是怎样做的。如果你们有没听明白的地方怎么办呢？

生：可以问他。

教师向汇报的学生提出要求。

师:老师给你提出一点小要求,请你用一段话介绍自己做的小实验,把实验名称、实验准备、实验过程和实验结果都说清楚。

生:昨天我做了一个小实验,实验的名称是"扎不破的气球"。实验准备了一个气球、一卷透明胶带和一根针。实验过程:第一步,先把气球吹起来。第二步,在气球的一个地方贴上一块透明胶带。第三步,用针扎气球。实验结果是这个气球没有破。

师:听了他的介绍,你认为你会做这个实验吗?

生:会做。

师:这说明他介绍得非常清楚。你们还有不明白的地方吗?

生:他说用针扎气球,是扎气球的任何地方都行吗?

生:不是,是扎贴着胶带的地方,气球不会破。

教师向汇报的同学:

师:你看,通过他的提问,你是不是发现了自己刚才还有介绍得不够清楚的地方。下次再介绍自己的小实验,就能更清楚明白了。

【设计意图】通过生生互动,让学生在交流中发现问题,并意识到清晰表达的重要性。培养学生认真倾听、思考和提问的习惯,提高学生的语言表达准确性,同时锻炼学生根据反馈调整表达的能力,促进学生在互相交流中共同进步。

3.教师示范引导汇报者说清楚实验步骤。

教师向全班同学:

师:同学们,我听清楚了她做的这个小实验。下面我也来介绍这个小实验,你们仔细听,看看我的介绍和她的介绍有什么不一样的地方。

教师介绍:

昨天我做了一个小实验,叫"扎不破的气球"。我准备了一个气球、一卷透明胶带和一根针。首先,我把气球吹得又大又圆,像个大西瓜。然后,我用剪刀剪下一块透明胶带,贴在气球上。接下来,我拿出针,扎在贴着透明胶带的地方。针扎进去了，可是这个气球没有破。

师：同学们，我介绍完了，你们发现我的介绍和他的介绍有什么不一样了吗？

生：老师，您说得比较详细。

师：你能具体说说，我哪里说得比较"详细"吗？

生：（笑）您说气球又大又圆，像个大西瓜。

生：您有一些词语进行了改变。比如您没说"第一步、第二步、第三步"，说的是"首先、然后、接下来"。

师：你听得很仔细。你们还发现什么不一样的地方了？

生：我发现王××把他的实验记录单读了一遍，但是老师没读。

师：你真是个善于发现的孩子。老师是用一段话，把整个实验讲述了一遍。

【设计意图】教师通过示范，为学生提供更详细、生动的讲述范例。让学生直观感受不同的表达方式，学习如何丰富语言内容、变换连接词，提升讲述的趣味性和吸引力，帮助学生掌握更高级的表达技巧，提高语言表达水平。

4. 在生生交际中，说清自己的小实验。

师：接下来就请同学们在小组中互相介绍自己做的小实验。介绍的时候可以用一段话，把整个实验讲述清楚。没有听明白的地方，可以向伙伴询问。

学生在小组中交流分享。

【设计意图】小组交流为学生提供更多表达机会，营造轻松的交流氛围。让学生在相互倾听和交流中锻炼表达能力，学会从他人讲述中获取经验，增强合作学习意识，培养学生的团队协作精神和口语交际能力 。

5. 补充实验过程中的发现和心情，进一步讲清实验。

（1）补充实验中的发现。

师：同学们，你们在做实验的过程中，一定也有自己的发现。你认为你做的实验哪一步最有趣，可以将自己的发现写在"实验记录表"上。

学生在"实验记录表"上补充自己有趣的发现。

师：接下来，请同学们在小组中再次介绍自己做的小实验。这次介绍，请你把自己在实验过程中有趣的发现也表述清楚。

学生在小组中交流分享。

师:哪位同学愿意跟大家分享自己做的小实验?

生:有一天晚上,我写完作业,就在家做了一个小实验。实验的名字叫"听话的水流"。我准备了一个锥子、一个矿泉水瓶。我先拿锥子在矿泉水瓶的瓶身上扎了一个孔,然后往矿泉水瓶里倒水。我发现瓶子里的水从小孔中流了出来。接下来,我又把瓶盖拧上,水就不流了。我发现矿泉水的瓶盖能控制水流,真是太有趣了。

师:你们听清楚他的发现了吗?

生:听清楚了。他发现矿泉水的瓶盖能控制水流。

(2)补充实验中的心情。

教师边出示表情图片边问。

师:(出示惊讶表情图)在实验过程中,谁出现这样的心情了?

生:我就看到纸屑吸在尺子上特别惊讶。

师:(出示疑惑表情图)在实验过程中,谁出现这样的心情了?

生:我看见纸锅能烧水感到疑惑。

师:是呀,在实验过程中你可能会感到惊讶、疑惑、期待、兴奋,也许实验失败了你还感到特别难过,接下来,你可以将自己的心情记录在"实验记录表"上。

学生在"实验记录表"上补充自己的心情。

师:哪位同学愿意跟大家分享自己做的小实验? 看看谁能把自己有趣的发现讲清楚,还能把自己的心情与大家分享。

生:昨天晚上,我做了一个有趣的实验,叫"会跳舞的纸"。我准备了实验要用的材料:一把塑料尺子、一张纸。实验开始了,我先把纸撕成许多小纸片,然后拿起塑料尺子,在头发上用力摩擦。我非常期待碎纸屑一会儿能跳舞。摩擦了一会儿后,我将尺子靠近小纸片。很多小纸片"跳"到了尺子上。我感到很奇怪,为什么纸片能跳到尺子上呢?

师：同学们，你们听清楚他讲述的小实验了吗？谁听清楚他在做实验的过程中自己发现了什么？

生：他发现小纸片"跳"到了尺子上。

师：他讲出自己的心情了吗？

生：他很期待纸片跳舞。

生：他感到奇怪，为什么纸片能跳起来。

师：是呀，每个同学做的小实验，背后都有科学原因。我们怎样才能弄清楚这些原因呢？

生：可以查资料。

生：还可以问老师。

生：可以问爸爸妈妈。

师：是的。这些方法都能帮助我们弄清楚实验的科学原理。

【设计意图】再次强调发现和心情在实验讲述中的重要性，引导学生深入挖掘实验中的细节和情感。通过分享，丰富学生对实验的认知和表达内容，使学生的讲述更具个性和感染力，提高学生的写作素材收集和运用能力，为完成高质量习作奠定基础。

(四)总结

同学们，今天这节课我们一起交流了自己做过的一项小实验。大家都尝试给小伙伴讲述自己做的小实验。向别人讲述自己做的小实验的时候，有序地表达能将实验过程讲清楚，如果能说出做实验时有趣的发现和自己的心情，就能将小实验说得更清楚。同时，我们还可以通过查阅资料、请教他人，弄清楚实验的原理。相信通过这节课的学习，同学们一定能将自己做的小实验写清楚。课后，请大家借助自己的"实验记录表"完成本次习作，下节课我们继续来交流。下课！

六、板书设计

我做了一项小实验

有序

心情　清楚

发现

第六章

整本书籍浸润，丰厚语文底蕴

整本书阅读可以培养学生深度阅读能力和综合思维能力。与单篇课文阅读相比,整本书阅读涉及更丰富的内容、复杂的情节和广阔的文化背景,能够为学生提供更全面的思维训练机会。在整本书阅读教学中,教师应关注学生的思维发展,通过引导学生梳理情节、分析人物、探讨主题、比较阅读等方式,促进学生语言与思维的协同发展,培养他们的逻辑思维、批判性思维和创造性思维。在教学实践中,教师应注重引导学生深入阅读、多元思考和实践应用,帮助他们在阅读中提升思维能力,培养终身阅读的习惯。

在情节梳理中实现逻辑思维的进阶

情节梳理是整本书阅读的基础。教师应引导学生从整体上把握书中的故事脉络,帮助他们建立对文本的初步感知。情节梳理不仅是对故事内容的简单回顾,更是一个逻辑思维训练的过程。例如,在阅读《马提与祖父》时,教师可以引导学生绘制情节地图,梳理马提与祖父的冒险旅程与情感变化。通过这种梳理,学生能够将零散的情节整合为一个完整的叙事框架,从而提升思维的条理性和逻辑性。同时,教师可以进一步引导学生分析情节的因果关系,探讨故事发展的合理性,进一步深化逻辑思维能力。

在人物分析中深化批判性思维

人物是故事的核心,对人物的深入分析能够帮助学生更好地理解文本,同时培养批判性思维。在整本书阅读教学中,教师应引导学生关注人物的行为、语言、心理活动,分析人物的性格特点及其在故事中的作用。例如,在《不老泉》整本书阅读教学中,教师可引导学生分析人物。温妮面对不老泉水时的纠结心理,体现出她的纯真理智。这些分析能助力学生把握人物性格,理解其在传达生命主题中的关键作用,培养批判性思维。教师还可以引导学生将书中的角色与现实生活中的人物进行对比,进一步拓展思维的广度和深度。

在主题探讨中拓展创造性思维

主题是整本书的灵魂,对主题的探讨能够帮助学生从更深层次理解文本,同时激发创造性思维。在整本书阅读教学中,教师应引导学生从不同角度探讨主题,鼓励他们提出多元化的解读。以《小王子》阅读教学为例,教师可引导学生从友情与爱、成长与孤独、对成人世界批判等不同角度探讨主题。这能让学生深度理解书中的人生哲理,激发创造性思维,使他们对友情、成长等提出独特见解。教师还可以引导学生结合自己的生活经验,对主题进行拓展和延伸,进一步激发学生的创造力。

在比较阅读中提升综合思维

比较阅读能够帮助学生在对比中发现不同文本的共性与差异,提升综合思维能力。教师可以选择同一主题不同作家的作品,同一作家不同主题的作品,引导学生进行对比分析。例如,在阅读《西游记》和《哈利·波特》时,教师可以引导学生比较两部作品中的人物形象、情节安排和主题表达,探讨中西方文化在奇幻故事中的体现。通过这种比较阅读,学生能从宏观角度分析文本,整合不同领域的知识,提升综合思维能力。

在项目式学习中整合思维的深度

项目式学习是整本书阅读教学的延伸,它将阅读与实践结合起来,帮助学生将所学知识运用到生活中去解决实际问题,实现思维的深度整合。教师可以设计与整本书相关的项目任务,如制作主题海报、编写剧本、举办读书分享会等。通过这种项目式学习,学生不仅能够巩固对文本的理解,还能在实践中提升创造力和合作能力,实现从阅读到应用的思维进阶。

探秘智慧，感悟成长

——《了不起的狐狸爸爸》整本书阅读分享课教学课例

一、教材分析

《了不起的狐狸爸爸》是适合二年级学生阅读的经典儿童文学作品，故事情节丰富曲折，充满趣味性。故事中狐狸爸爸凭借智慧和勇气一次次化险为夷。书中精美的插图与清晰的故事脉络，为学生实践语文课堂所学的看图讲故事、关键词串联讲故事等方法提供了优质范例，有助于引导学生分享感兴趣的故事情节。狐狸爸爸这一鲜活的角色形象，让学生领略角色的独特魅力，进而深刻感受父爱的伟大。

作者罗尔德·达尔独特的写作风格和奇妙的想象力贯穿全书，这对推荐作家其他作品、扩大学生阅读面有积极意义，能让学生进一步感受作家独特的创作魅力，激发阅读兴趣，增加阅读量。

二、学情分析

二年级学生正处于从形象思维向抽象思维过渡的阶段，好奇心强，对充满奇幻色彩的故事充满兴趣，《了不起的狐狸爸爸》的精彩内容容易吸引他们的注意力，为回顾内容和分享情节奠定了情感基础，利于达成教学目标。在语言表达上，经过语文课的学习，他们掌握了一定的讲故事方法，在分享感兴趣的故事情节这一重难点上就有了方法支撑。

二年级学生已具备一定的情感认知和生活体验，对父爱有着自己的理解。在阅读过程中过，他们能够深刻体会书中狐狸爸爸的非凡之处，分享爸爸身上的闪光点，将阅读与生活紧密联系起来。在将阅读体验迁移到对其他作品的兴趣上，需要教师通过生动的推荐和引导，激发他们对罗尔德·达尔其他作品的探索热情，进而实现扩大阅读范围、增加阅读量的学习目标。

三、教学目标

1. 回顾整本书的主要内容，乐于与伙伴分享感兴趣的故事情节。
2. 体会狐狸爸爸的了不起，联系生活，能分享自己爸爸身上的闪光点。
3. 推荐作家罗尔德·达尔的其他作品，扩大阅读范围，增加阅读量。

◆ 教学重、难点

回顾整本书的主要内容，乐于与伙伴分享感兴趣的故事情节。体会狐狸爸爸的了不起，联系生活，并分享自己爸爸身上的闪光点。

四、教学准备

1. 师生共同阅读《了不起的狐狸爸爸》一书。
2. 引导学生为喜欢的情节绘制插图。

五、教学过程

（一）回顾狐狸的故事，引出分享话题

师：同学们，今天我们上一节读书分享课。我们曾经在语文课上，读过很多关于狐狸的故事。你记得哪个狐狸的故事？

生：学过《狐狸分奶酪》的故事。

师：还记得故事里狐狸分奶酪给谁了吗？

生：给熊哥哥和熊弟弟。

师：狐狸表面上给熊哥哥和熊弟弟分奶酪，实际上——

生：自己全吃了。

师：你们还记得哪个狐狸的故事？

生：还有《狐假虎威》的故事。

师：在这个故事里，狐狸把老虎——

生：给骗了。

师：你们看，这两个故事里的狐狸给你们留下了怎样的印象？

生：特别狡猾。

师：我们最近读的《了不起的狐狸爸爸》一书，让我们认识了不一样的狐狸。今天这节课我们就来交流读书的收获。看老师写课题。（板书课题）

【设计意图】通过回顾学生熟悉与狐狸有关的故事，如《狐狸分奶酪》《狐假虎威》，唤起学生已有的知识经验，利用学生对狐狸"狡猾"的固有印象，与《了不起的狐狸爸爸》中狐狸爸爸的形象形成鲜明对比，制造认知冲突，从而激发学生对本节课读书分享内容的兴趣，自然地引出本节课的主题——交流《了不起的狐狸爸爸》的读书收获。

（二）回忆整本书的主要人物和内容

1.回忆书中人物。

师：这本书的主人公是谁？

生：狐狸爸爸。

师：除了主人公狐狸爸爸，书中还出现了许多人物，我们一起来回忆。

出示书中人物插图。

师：这是谁？

生：狐狸太太。

师：他们是谁？

生：小狐狸们。

生：狐狸爸爸的孩子。

师：这几个人你们一定也记得特别清楚。

生：邦斯、比恩、博吉斯。

师：他们跟狐狸爸爸是什么关系？

生：他们是狐狸爸爸的敌人。

【设计意图】展示书中人物插图，引导学生回忆书中人物，这种直观的方式符合二年级学生形象思维为主的特点，帮助学生快速梳理书中角色，加深对人物的印象，为后续回顾故事情节和分析人物形象作铺垫。

2. 回忆主要情节。

情节一：三个农场主。

师：同学们一边读书一边为自己喜欢的故事情节画了插图。我们一起来看看这幅插图是谁画的？

生：王××。

师：你们发现他画的是故事的哪个情节了吗？

生：他画的是"三个农场主"。

师：谁能为大家简单介绍这三个人物？

生：博吉斯是养鸡场场主，胖得出奇。

生：邦斯是鸭鹅场场主，矮个子。

生：比恩是火鸡饲养场和苹果园的主人，他瘦得像一根铅笔。

生：邦斯头脑愚笨，比恩特别狡猾。

师：村子里的孩子看见他们还常常会念起一首歌谣。

生：比恩、邦斯、博吉斯，一矮一瘦一胖子。三个坏蛋真是坏，模样虽然不一样，没有一个不贪财。

师：读了这首歌谣，我们知道了这三个农场主有一个共同的特点——

生：贪财。

情节二：狐狸爸爸一家。

师：这幅插图画的是哪个情节？

生：狐狸爸爸被打伤，狐狸妈妈在给他舔伤口。

师：狐狸爸爸是怎么受伤的？

生：狐狸爸爸趁着夜晚去抓鸭子，被三个农场主用枪打掉了尾巴。

师：哎哟，这可是最漂亮的尾巴呢！

情节三：挖掘机。

师：这三个农场主并不打算放过狐狸爸爸，再看看这幅插图。

生：他们用挖掘机挖狐狸爸爸的洞，想抓住狐狸爸爸。

情节四：狐狸一家挖洞。

师：看看这幅图，狐狸爸爸一家有什么对策？

生：狐狸爸爸带着一家人也在挖地洞。

情节五：仓库。

师：看看这几幅插图，他们挖到了什么？

生：他们挖到了博吉斯的一号鸡舍。

师：他们还去了哪里？

生：还去了邦斯的仓库，还有比恩的酒窖。

师：你看，许多同学都给这几个情节配了插图。你还记得狐狸爸爸在这些地方做了什么吗？

生：它们拿走了好多吃的，回到地下举办了盛大的宴会。

情节六：宴会。

师：这幅插图是谁画的？能讲讲图的内容吗？

生：在宴会上，狐狸爸爸端起酒杯向大家祝福，有狐狸、鼬鼠、獾。狐狸爸爸说，他要在地下建一个村庄。这样就可以在地下生活，不用到上面挨枪子儿了。

生：狐狸爸爸还说，以后要像国王一样吃饭，再也不会吃不饱饿肚子了。

【设计意图】借助学生绘制的插图回顾主要情节，一方面可以检验学生对书籍内容的理解和掌握程度，另一方面让学生在描述情节的过程中锻炼语言表达能力，同时利用插图唤起学生的阅读记忆，使回顾过程更生动有趣，强化学生对整本书内容的整体认知。

3.教师小结。

师：你们画的这些插图，勾起了我们对这本书的深刻回忆，也帮助我们回顾了整本书的内容。

（三）讲书中的小故事或精彩情节

1.运用学过的方法讲故事。

师：你们是否记得我们从一年级开始就学习过了很多讲故事的方法。谁能说一说我们运用过哪些方法讲故事？

生：看图讲故事。

生：根据词语提示讲故事。

师：是的，借助关键词可以帮助我们讲好故事。

生：我们还可以看着思维导图讲故事。

师：是的，我们用这些方法在语文课上讲过好多有趣的故事，今天我们要运用这些方法来讲讲狐狸爸爸的故事。

（1）借助图画讲故事——射击

教师出示四幅图片。

师：你们还记得这个故事吗？

生：这个故事叫"射击"。

师：接下来，请同学们按照图片的顺序回忆这个故事，一会儿我们来请同学讲一讲。

指名学生讲故事。

生：狐狸太太说："亲爱的，今天晚上咱们吃什么呀？"狐狸爸爸说："我们吃肥鸭吧！"狐狸太太说："邦斯的鸭子可是最好吃的。"于是狐狸爸爸就趁着夜幕出去了。它躲进草丛里，探出头来，想看看附近有没有什么危险。突然他看见两根银色的、闪闪亮亮的管子。仔细一看,他发现是枪管。这时三个农场主就开枪打中了狐狸爸爸的尾巴。比恩生气地说:"下次我一定要把他打死!"

师:你们回忆起这个故事了吗?还有补充吗?

生:狐狸爸爸说:"我们吃肥鸭吧!我去弄两只肥鸭来,咱俩吃一只,孩子们吃一只。"

师:狐狸爸爸总是惦记着要让家人吃饱肚子。

生:最后,比恩生气地说:"我发誓下次一定要把他的五脏六腑都掏出来!"

师:是啊,这三个农场主做梦都想把狐狸爸爸打死呢。

（2）借助词语提示讲故事——可怕的铁锹

教师出示关键词提示:

铁锹　嚓嚓声

狐狸太太　发抖

铁锹　咯吱咯吱　小石块和土粒

突然　喀嚓　直穿洞顶

狐狸爸爸　办法　挖洞

师:接下来,我们就借助着这些关键词语的提示,来讲讲这个故事。

生:狐狸太太和小狐狸们都睡了,只有狐狸爸爸因为尾巴的伤痛还没有睡着。突然,他听到了土块松动的声音和铁锹挖进土里的嚓嚓声。狐狸爸爸顿时警惕起来。当第二次听到这种声音的时候,他确定不是别的小动物,而是三个农场主。狐狸爸爸赶紧摇醒他的五位家人,说:"快想办法逃出去。"狐狸太太吓得浑身发抖,紧张极了。忽然,狐狸爸爸听到了铁锹咯吱咯吱的声音,看到小石块和土粒都掉了下来。狐狸太太抱着四只小狐狸说:"他们要杀死我的孩子,这可怎么办呀?"这时,咔嚓一声巨响,大铁锹直穿洞顶,上面的土被崛起,透出了月光。狐狸爸爸说:"我想出来一个办法,赶快开始挖洞!"

师:同学们,你们喜欢他讲的故事吗?

生:喜欢。

师：喜欢他讲的哪些内容？

生：我喜欢他讲的——狐狸太太抱着四只小狐狸说："他们要杀死我的孩子，这可怎么办呀？"

师：这句话让我们感觉到狐狸妈妈非常爱护小狐狸。

生：我喜欢他讲的——大铁锹直穿洞顶，上面的土被崛起，露出了月光。

师：哎呀，他这样一讲我们都能感受到大铁锹的威力。你们还有补充吗？

生：我想补充——铁锹不如狐狸爸爸一家挖洞挖得快，它们一家很快就到了一个比较安全的地方。

（3）借助表格提示讲故事——竞赛

表 6–1　借助表格提示讲故事

时间	小山
一个小时之后	挖去越来越多的土
午饭的时候	挖去了一大半
下午 5 点	一个大坑，像火山口

师：这个故事叫什么？

生：竞赛。

师：谁和谁竞赛？

生：狐狸爸爸和机器竞赛。

师：下面我们借助表格的提示讲讲这个故事。

生：邦斯和比恩开着挖掘机来挖小山。一个小时之后，他们用挖掘机挖了越来越多的土。直到午饭的时候，小山被挖去了一大半。到了下午 5 点钟，小山被挖出了一个大坑，就像火山口一样。

师：他讲的故事条理清晰，其他同学还有补充吗？

生：挖了一个小时之后，他们挖去了越来越多的土，小山变成了驼背龙虾的模样。

师：是啊，听了他的讲述，我们都能想象出小山的样子了。

生：到了下午5点，他们将小山挖出了一个大坑，像火山口，许多村民都来围观。村民们都嘲笑这三个农场主，觉得他们脑子有问题，为了抓一只狐狸，那么大费周张。

师：几位同学的补充让这个故事变得更有趣了。

【设计意图】引导学生回忆学过的讲故事方法，并运用这些方法讲述狐狸爸爸的故事，旨在让学生将语文课上学到的知识运用到整本书阅读分享中，巩固和提升学生的语言表达能力和故事讲述技巧。通过不同形式的提示（图画、词语、表格）讲故事，能从多个角度帮助学生理解和讲述故事，培养学生的思维能力和想象力。

2. 自主讲故事或精彩情节。

师：在这本书中，你一定也有自己最喜欢的故事或情节。你可以运用学过的方法，在小组中跟同学分享你最喜欢的故事。

生生交流喜欢的小故事。全班汇报。

（1）该生借助书中的插图讲故事，教师将四幅插图投屏。

生：在一座山上，住着三个农场主，一个叫比恩，一个叫邦斯，一个叫伯吉斯。伯吉斯特别能吃，一日三餐都要吃三只盖着厚厚布丁的水煮鸡。这是邦斯，邦斯正在厨房里，他每天都要吃鹅肝和面包圈，他总是把鹅肝捣成糊糊，再把它塞进烤面包圈里。这是比恩，比恩是三个农场主中最瘦的，他瘦得像一支铅笔。他不吃饭，但每天都喝自己酿的烈性苹果酒。

（2）该生借助关键词提示讲故事，教师将学生梳理的关键词投屏。

生：我要讲"苹果秘密酒窖"的故事。狐狸爸爸抓到了一只老鼠，老鼠说："这是我的私人地盘，你快走开。"可是狐狸爸爸却把这只老鼠给赶走了。狐狸爸爸拿起苹果酒喝了一大口，獾也跟着咕嘟咕嘟地喝起酒来。狐狸爸爸和獾都觉得苹果酒很好喝。就在这时，他们听到了女人的喊声。他们吓呆了，生怕自己被人发现。

师：同学们，书里的这些小故事多有趣呀！如果我们把这些小故事讲给别人听，一定能吸引更多的人来阅读这本书。

【设计意图】让学生自主选择喜欢的故事或情节在小组和全班分享，给予学生充分的自主空间，激发学生的阅读兴趣和表达欲望。在分享过程中，培养学生的合作交流能力和倾听能力，同时进一步深化学生对书籍内容的理解和感悟。

（四）体会人物性格特点

1.体会狐狸爸爸的特点。

师：这本书的主人公是狐狸爸爸，你们喜欢狐狸爸爸吗？

生：喜欢。

师：你觉得他是个怎样的爸爸？

生：狐狸爸爸很了不起。

生：狐狸爸爸特别聪明。

生：我觉得狐狸爸爸很了不起，它挖洞想挖到哪里就挖到哪里，就像有 GPS 定位一样。

师：那说明狐狸爸爸挖洞可不是随便挖，它挖之前一定——

生：动脑筋了。

师：是个善于动脑的好爸爸。

生：它有计策。请善于挖洞的獾帮忙，挖洞挖得更快更好。

生：狐狸爸爸很爱狐狸太太和小狐狸们。

师：是的，它很爱自己的家人。

生：当狐狸妈妈和小狐狸们饿肚子时，狐狸爸爸就给他们找食物。

师：对家人多有责任心啊！

【设计意图】引导学生思考狐狸爸爸的形象特点，培养学生分析人物形象的能力，让学生从书中狐狸爸爸的行为中体会到他的聪明智慧、爱家人、有责任心等优秀品质，感受角色魅力，同时也为下一步联系生活实际作准备。

2.感受自己爸爸和狐狸爸爸的相似之处。

师：你觉得你的爸爸跟狐狸爸爸哪个方面特别像？

生：我们家有好吃的，我爸爸就给我吃，他自己不吃。

师：你的爸爸爱你就像狐狸爸爸爱它的小狐狸一样。

生：我爸爸可聪明了，每次我试图掩盖自己犯的错误时，都逃不过他的火眼金睛。

师：你的爸爸不仅聪明，还对你特别负责任呢！

生：我爸爸可有责任心了，每天吃完饭后，他都会主动承担刷碗、擦桌子的家务，从不推脱。

生：有一次，我们全家去看电影。爸爸只买了两张票，还特意买了好多零食，让我和妈妈一边看电影一边吃。他就很有耐心在外面等我们看完电影，才一起去吃饭。

师：爸爸把最好的都给了你和妈妈。我听出来了，你们的爸爸都像狐狸爸爸一样有责任心、爱家人、聪明又有能力，是一位好爸爸。接下来，请同学们把书箱里的小卡片拿出来，父亲节就要到了，你想对你的爸爸说些什么？写在卡片上。

学生自主写下想对爸爸说的话。

师：谁来读读你写的内容？

生：爸爸，你在美国还好吗？我和妈妈等你回家过年。

生：爸爸，谢谢您对我的照顾，等我长大了也会照顾您。

生：我爱你，爸爸！你是最好的爸爸！

师：老师感受到了你们对爸爸的爱和感激。请你回家后把你的爱大声说出来，把你的卡片作为礼物送给爸爸。

【设计意图】引导学生联系生活，寻找自己爸爸和狐狸爸爸的相似点，将书中的情感体验与生活实际相联系，使学生更深刻地体会到父爱的伟大，引发情感共鸣，培养学生感恩父母的意识，同时也实现了从文本到生活的迁移，提升学生的情感认知能力。让学生写想对爸爸说的话，是对这种情感体验的深化和表达，锻炼学生的书面表达能力。

（五）推荐同作者不同作品

师：今天我们一起交流了《了不起的狐狸爸爸》这本书。这本书的作者是英国作家罗尔德·达尔，他还写了许多有趣的书。你想推荐哪本书给伙伴读？为什么？

生：我想推荐《女巫》。这本书写了女巫和其他女人不一样的地方，还写女巫装扮成其他女人，让我们猜一猜哪个是女巫，很有意思。

师：这本书激发了你的阅读兴趣。

生：我想推荐《查理的巧克力工厂》。读完这本书，我会好奇，巧克力为什么不会融化？

师：这本书激发了你的好奇心。《查理的巧克力工厂》还被拍成了电影，有兴趣的同学可以把书和电影比对着来看。

生：我想推荐《好小子·童年故事》。这是一部罗尔德·达尔的自传，真实地记录了他童年和少年时代的生活。书中提到罗尔德·达尔八个月大的时候，长着一个大大的圆圆的头，特别可爱。

师：同学们都读了罗尔德达尔的作品，希望你们课后能阅读他更多的作品，我们一起感受这位作者其他作品的魅力。今天的读书分享课就上到这里。

【设计意图】鼓励学生推荐罗尔德·达尔的其他作品，能拓宽学生的阅读视野，激发学生对该作者其他作品的阅读兴趣，培养学生广泛阅读的习惯，进一步感受作者独特的写作风格和创作魅力，增加学生的阅读量，提升学生的文学素养。

六、板书设计

```
              了不起的狐狸爸爸

                    聪明

                   爱家人

                   责任心

                    ......
```

品读译本，拓展视野

——《爱的教育》整本书阅读分享课教学课例

一、教材分析

《爱的教育》是意大利作家亚米契斯创作的长篇日记体小说。这本书感人至深，夏丏尊先生在翻译前读日译本时"曾流了泪三日夜读毕"。学生阅读这本书，可以受到爱的熏陶。另外，学生阅读的版本是由译者译成中文后的版本。不同的译者，语言表达特点也不同，本课把"筛选版本"作为教学内容之一，让学生初步感悟如何选择译本进行阅读。

二、学情分析

本次授课对象为四年级学生，他们共同阅读了《爱的教育》一书。在阅读过程中，教师发现学生所读书籍版本丰富，译者各异，涵盖刘月樵、王干卿、夏丏尊等译者。从阅读基础看，学生具备一定阅读能力，能够把握故事基本情节，但对书中深层次情感和文化内涵挖掘得不够深入。

对于翻译作品，学生此前缺乏对译者及翻译风格的关注。不同译者语言表达和风格的差异，成为学生理解作品的潜在挑战。尽管学生完成了整本书阅读，却未察觉因译者不同导致文本呈现上的细微差别。同时，学生在联系自身生活实际理解书中情感方面，存在脱节现象。书中诸多关于爱与情感的描写，未能有效引发学生对自身生活经历的联想与思考。基于此，将了解不同译者翻译特点纳入教学目标,有助于提升学生对翻译作品的鉴赏能力;引导学生联系身边的人和事增强对书中情感的感悟,能起到对本书中心内容的深化理解。

三、教学目标

1.通过了解不同译者翻译的不同版本,体会不同译者在语言表达上的特点。初步感悟如何选择外国翻译著作进行阅读。

2.联系自己的生活实际体会文中不同的爱,激发学生书写日记的兴趣。

◆ 教学重、难点

体会不同译者在语言表达上的特点,初步感悟如何选择外国翻译著作进行阅读。

四、教学准备

教师:印制课堂上需要的阅读材料。

学生:阅读《爱的教育》一书。

五、教学过程

(一)谈话导入,回顾书的基本信息

师:同学们,《爱的教育》一书为我们诠释了人与人之间的爱,今天我们一起来深入交流。看老师写书的名字。(板书书名《爱的教育》)

教师一边板书一边问。

师:还记得这本书的作者是谁吗?

生:亚米契斯。

师:他是哪个国家的作家?

生:意大利。

师：我们已经一起读完了这本书，对作者也有了一定的了解。（板书"作者"）这本书的作者是意大利人，我们读的版本都是由译者翻译成中文后的版本，这些文化的传递者帮助我们阅读到国外的经典著作。我注意到了，同学们阅读的版本都不一样，你的书是由谁翻译的？

生：刘月樵。

生：王干卿。

生：夏丏尊。

师：不同的译者，语言表达特点也不同，我们来深入研究研究。（板书"译者"）

（二）体会不同译者语言表达的特点

1. 对比课文和整本书，初步发现不同。

师：你还记得我们曾经学过哪篇课文选自《爱的教育》这本书吗？

生：《争吵》①

师：是的，那是我们二年级时学过的课文。

生：《卡罗纳》②

师：《卡罗纳》一课是我们四年级刚刚学过的一篇课文。打开课文，快速默读，回顾一下主要内容。

生：这篇课文讲的是卡罗纳的母亲去世了，卡罗纳再次来到学校得到了老师和"我"的关爱。

师："我"指的是谁？

生：主人公安利柯。

师：其他同学还有补充吗？

生：还得到了安利柯母亲的关爱。

生：还有其他同学的关爱。

师：你的书里有这个故事吗？从你的书中找到这个故事，快速默读，看看你

———————————

①《争吵》选自 2001 年初审通过的义务教育课程标准实验教科书。

②《卡罗纳》选自 2001 年初审通过的义务教育课程标准实验教科书。

书中的故事和课文有什么不一样？

生：故事题目不一样。课文的题目是《卡罗纳》，书里的题目是《卡隆的母亲》。

生：人物名字不一样。卡罗纳在书里叫"卡隆"。

【设计意图】引导学生对比课文与整本书中的相同故事，促使学生主动关注文本细节。通过寻找差异，培养学生的观察力和比较分析能力，让学生初步认识到不同版本在呈现故事时可能存在的变化，为后续深入探究不同译者的语言表达特点奠定基础。

2. 比较三个版本，发现描写上的不同。

师：仔细阅读还有不一样的地方呢！

出示课文片段：

他面容灰白，眼睛哭红了，两腿站不稳，好像他自己也大病了一场似的。我心里不由得泛起一阵同情和怜悯，大家都屏息凝神地望着他。

师：这是课文中一个场景的描写，谁来读一读？

生朗读。

师：这个场景发生在什么时候？

生：卡罗纳的妈妈去世以后，他回学校上学。

师：在你的书中找到这个片段的描写，自己读一读。

生自主阅读。

师：老师归纳了不同译者翻译的这个片段的描写，我们一起来读读。

教师出示：

他面容灰白，眼睛哭红了，两腿站不稳，好像他自己也大病了一场似的。我心里不由得泛起一阵同情和怜悯。

（王干卿）

看见他，我感到好像心上挨了一击。他面容苍白，眼睛红肿，两腿站立不稳，好像病了一个月似的，让人几乎认不出来了。

（刘月樵）

我见了他，心里好像被什么塞住了。他脸孔瘦削，眼睛红红的，两脚颤悸着，似乎自己生了一个月大病的样子。

（夏丏尊）

师：谁愿意跟老师配合来读一读？

指名配合朗读。

师：你来读每段话中描写卡罗纳外貌的部分，我来读描写"我"感受的部分。

师生合作朗读。

师：通过朗读，你们发现了什么？

生：有的是先写卡罗纳的外貌，后写"我"的感受。有的是先写感受，后写外貌。

师：我们发现不同的版本，表达的顺序——

生：不一样。

师：但对我们理解内容有影响吗？

生：没有。

师：下面我们再来看看这三处卡罗纳的外貌描写。

指名三人读。

师：你们发现有什么不一样了吗？

生：用词不一样。

师：比如，写他的面容——

生：有的用了"灰白"，有的用了"苍白"，还有的用了"瘦削"。

师：是的，用词都不一样，表达的意思呢？

生：一样。

师：再看看三处感受的描写。

生读第一处。

师：从这一处感受的描写中，你读出"我"此时心情怎样？

生：难过。

生读第二处。

师：你体会出"我"此时心情怎样？

生：难过。

生读第三处。

师：你感受出"我"此时心情怎样？

生：难过。

师：同学们，你们看虽然不同译者语言表达不同，但什么是相同的？

生：表达的意思相同。

生：情感也相同。

【设计意图】通过展示不同译者对同一场景的描写，引导学生聚焦语言文字本身。让学生在朗读和比较中，发现不同译者在用词、表达顺序上的差异，体会到虽然语言形式不同，但表达的意思和情感是一致的。培养学生对语言的敏感度，提升其文学鉴赏能力。

3. 比较三个版本，发现译者语言风格的不同。

师：其实，不同的译者，语言的风格也不一样呢！我们还以《卡罗纳》一课为例。

教师出示：

这时候，我才明白母亲为什么推开了我。想到这里，我没有拉母亲的手，就一个人走了。

（刘月樵）

这时候，我才明白了为什么我母亲推开了我。在走出来的时候，我也没拉她的手。

（王干卿）

我才悟到母亲推开我的缘故，就不待母亲携我，自己出去了。

（夏丏尊）

师：三位译者表达的意思一样吧？

生：一样。

师：哪位译者的语言风格与另外两位特别不一样？

生：夏丏尊。

师：哪里不一样？

生：他写的是"不待母亲携我"，一般我们就写"不等母亲拉我的手"，可是他说话跟我们说话不太一样。

生：那两位译者都翻译成"我才明白"，而夏丏尊翻译的是"我才悟到"。

生：而且他翻译得最短。

师：你们很善于发现，为什么夏丏尊说话跟另外两位译者那么不一样呢？我们来了解夏丏尊。

教师出示译者简介：

夏丏尊（1886—1946）我国著名文学家、教育家、出版家。提倡新文化，倡导白话文。先后在湖南第一师范、春晖中学任教，曾与毛泽东同事，在春晖中学任国文教员兼出版部主任，并译成《爱的教育》。

师：夏丏尊所处的时代正是新文化运动兴起之时，所以他的语言难免带有那个时代的特点。

【设计意图】引导学生进一步探究不同译者的语言风格。以具体语句为例，让学生通过对比，发现译者语言风格的独特之处。结合译者的时代背景，帮助学生理解语言风格形成的原因，拓宽学生的文学文化视野，培养学生从多个角度分析文学作品的能力。

4. 了解译者翻译该作品的原因，体会书中蕴含的爱。

师：刚才我们体会了不同译者语言表达的特点，下面我们来了解这些译者为什么要翻译这部作品。你打算通过什么方法了解？

生：查阅资料。

生：看书上的译者序言。

师：这是个好办法。我们刚开始读这本书时，也从译者序言中了解了作品和作者。接下来，请同学们自读序言，我们稍后来交流你读懂了什么？

生：他当时读这本书的时候，被感动、震撼了，他还感受到这本书中的爱，所以就做了翻译。

师：这里的"他"指的是哪位译者？

生：刘月樵。

师：你很会读书，也很善于思考。

生：我了解到书的名字的由来。这本书在意大利语里叫《心》。后来由于种种原因，夏丏尊在翻译的过程中，给它取名为《爱的教育》。

师：读了序言之后，你们都有了自己的发现。老师也将序言中提到的三位译者的读书感受进行了归纳，我们一起来看。

教师出示：

刘月樵：我第一次从外教那里接触到《爱的教育》意大利语文本。顿时被吸引、被感动、被震撼，既为它简练的文字，也为它字里行间所充满的人类最美好的语言——爱。

王干卿：我立刻被书中生动的故事情节所吸引，作品展示的孩子们对祖国和人民，对父母和兄弟姐妹，对老师和同学的深情厚谊的爱更是扣人心弦。

夏丏尊：我在四年前始得此书的日译本，记得曾流了泪三日夜读毕，这不是悲哀的眼泪，乃是惭愧和感激的眼泪。

师：这是三位译者的读书感受，他们有哪些共同点？

生：我发现他们都很喜欢这本书。

生：我发现他们读了这本书之后都很感动。

生：我发现他们都感受到了书中的爱。

师：通过比较阅读，我们不难发现，这些译者都被这本书深深地感动了，所以才进行翻译。

教师再出示：

通过此书的翻译出版，让更多的我国读者，特别是青少年一代，多阅读些好书，多看些经典名著，多受些正义、真诚、善良、博爱等人性美好情感的熏陶。哪怕只有一位读者看了我的译作，受了感动，被唤醒或更增强了他的良知和爱心，我都会觉得自己几个月的辛劳没有白费。

（刘月樵）

这书一般被认为是有名的儿童读物，但我以为不但儿童应读，实可作为普通的读物。特别地应介绍给与儿童有直接关系的父母教师们，叫大家流些惭愧或感激之泪。

（夏丏尊）

师：再读读这两段话，你知道译者翻译这本书还有别的原因吗？

生：他们想翻译给少年儿童看。

生：想让别人也感受爱的美好。

师：是啊，译者首先是自己被感动了，然后翻译出来想感动更多的读者。

【设计意图】引导学生关注译者翻译作品的动机，从更深层次理解作品的价值和意义。让学生通过阅读译者序言等方式获取信息，培养学生自主探究的学习能力。同时，通过了解译者对作品的感动和希望传递爱的初衷，加深学生对书中所蕴含的爱的体会，引发学生的情感共鸣。

5.小结阅读方法。

同学们，通过刚才的学习，我们发现了阅读外国翻译的作品时，我们在了解作者和作品的基础上，更要了解译者，并选择自己喜欢的、能感动自己的、语言表达更适合自己阅读的版本进行阅读。

【设计意图】总结本次阅读学习中关于选择外国翻译著作的方法，让学生明确在阅读此类作品时，除了关注作者和作品本身，还要重视译者的作用。培养学生在阅读时具有批判性思维和自主选择的能力，引导学生在今后的阅读中能够根据自身需求和喜好选择合适的版本，提高阅读质量。

（三）联系实际，感同身受

1.回顾感动自己的故事。

师：译者读了《爱的教育》这本书深受感动，因此进行翻译，成为中外文化传递的使者，感动了一批又一批人。作为读者你被感动了吗？（板书：读者）

生：感动了。

师：哪个故事感动了你？请你思考，并打开书回顾故事内容。

生：开学的一天，有一个小孩上学过马路，差一点被电车轧了。罗贝蒂跑过去推了他一把，结果自己的腿被轧折了。

师：是呀，陌生人之间也充满了爱。

生：有一个少年，他被父母卖给戏法班子受尽虐待，后在领事馆帮助下乘船回国。在途中，他因听到有人诋毁祖国，愤怒地将施舍的钱扔了回去。

师：这个少年对祖国的爱打动了你。

生：有一位代课老师来上课，他对那些调皮的孩子特别包容和理解。比如课堂秩序混乱的时候，卡隆站出来维护课堂秩序，其他学生也开始尊重这位代课老师。

师：这是师生爱。

2. 教师小结。

读了这本书，我们不难发现，书中的故事充满了孩子对祖国的爱、亲人之间的爱、师生之爱、伙伴之爱，甚至是陌生人之间的爱，感人至深。难怪译者夏丏尊在序言中曾写道"曾流了泪三日夜读毕"。

【设计意图】搭建起书中情感与学生实际生活的桥梁，引导学生从书中的故事走进自己的情感世界。通过回顾书中感动自己的故事，促使学生反思和感受生活中的爱，培养学生的情感感知能力，让学生在阅读中实现情感的迁移和升华，体会到爱无处不在。

（四）了解这本书的文体特点

师：同学们，你们发现了吗？这本书的每一个故事其实就是安利柯每天写下的——

生：日记。

师：你们是怎样发现这些故事都是安利柯的日记呢？

生：故事有日期。

师：你们看这些故事里的人物有安利柯的——

生：老师。

师：有他的——

生：同学。

师：还有他的——

生：父母。

师：这些人都是生活在小主人公安利柯——

生：身边的人。

师：这些事也都是发生在他——

生：身边的事。

师：主人公安利柯就是故事中说的——

生："我"。

师：像这种采用第一人称，以日记主人公所见、所闻、所感的方式讲述身边故事的作品叫作日记体小说。（板书：日记体）日记体小说是第一人称讲述故事，读起来感觉就好像是发生在我们自己身边的故事一样。

【设计意图】引导学生关注书籍的文体形式，帮助学生认识日记体小说的特点。通过分析书中故事的日期、人物、事件等元素，让学生理解日记体小说以第一人称叙述的独特魅力，即给读者带来身临其境的阅读感受。培养学生对文学体裁的认知能力，提升学生的文学知识储备。

（五）发现身边伙伴身上的闪光点

师：《爱的教育》这本书中出现了许多跟你们年纪相仿的孩子，他们身上有许多值得我们学习的优秀品质。如果让你把他们的名字送给你身边的同学，你想把哪个名字送给谁？请说出理由。大家可以在小组中交流，稍后我们再来一起交流。

学生小组交流。

生：我想把卡隆的名字送给王××。因为卡隆特别乐于助人，咱们班的王××也乐于助人。有一次，我上体育课摔倒了，他把我扶起来，还带我去卫生室上药。

生：我想把德罗西的名字送给班长陈××，因为在书里德罗西学习特别刻苦，学习成绩优异。陈××就德罗西一样。

生：我想把克莱蒂的名字送给李××，因为他为人厚道，就像克莱蒂一样。

师：看来咱们班里的同学就像书中的人物一样，身上都是闪光点呢！《爱的教育》在意大利语里翻译为"心"。（板书"心"）用心观察，你也会发现你身边的伙伴的优点。我们不妨学着使用日记体的形式写发生在自己身边的人和事。一段时间以后，你也拥有了属于自己的回忆。

【设计意图】将书中人物与学生身边的伙伴建立联系，引导学生用心观察身边的人，发现别人身上的闪光点。通过这种方式，让学生学习书中人物的优秀品质，促进学生之间的相互学习和共同成长。同时，鼓励学生模仿日记体形式记录身边的人和事，将阅读与写作实践相结合，提高学生的语言表达和写作能力。

（六）布置下一阶段读书任务

1.阅读故事《安利柯的失败》。

师：你还想了解安立柯更多的故事吗？请你拿出老师事先准备的材料，并读一读《安利柯的失败》。

生自主阅读故事。

师：读了这个故事你特别想知道什么？

生：安利柯去了山海森林后发生了什么。

生：他的病会不会复发。

师：这个故事是夏丏尊翻译的《续爱的教育》中的一个故事，这本书是亚米契斯的好朋友孟德格查所著，记录了安立柯上中学后的生活。夏丏尊和王干卿都翻译过这本书。

2. 出示下一阶段读书任务。

师：下一阶段的读书任务，一是与同学交换不同译者的《爱的教育》，体会语言表达的不同。二是读夏丏尊或王干卿翻译的《续爱的教育》。

【设计意图】通过布置下一阶段的读书任务，引导学生持续深入阅读。交换不同译者的《爱的教育》，能让学生进一步对比不同译者的语言风格；阅读《续爱的教育》，可以拓展学生对书中人物后续故事的了解，丰富学生的阅读体验。激发学生的阅读兴趣，培养学生良好的阅读习惯，让学生在阅读中不断提升语文核心素养。

3. 教师总结。

师：孩子们，让作为小读者的我们继续用心阅读，在阅读中体会作者、译者的真心真情！下课。

六、板书设计

爱的教育

日记体

作者　译者

心

读者

第三节

语言哲思，探寻生命

——《不老泉》整本书阅读分享课教学课例

一、教材分析

在当今社会，少年儿童作为祖国未来的建设者和民族的希望，他们对生命的认知与态度，深刻影响着个人的成长以及社会的发展。"生命教育"成为教育领域中至关重要且亟待深入探索的课题。在少年儿童的成长阶段，引导他们关注生命存在的意义与价值，帮助其树立正确的生命价值观，不仅是培养全面发展人才的关键，更是时代赋予教育的重大使命。将生命教育与课外阅读有机结合，在阅读过程中实现人文渗透，具有不可忽视的重要意义。

《不老泉》是美国儿童文学作家娜塔莉·巴比特创作的一部经典作品。书中以独特的故事设定，讲述了主人公温妮偶然间发现塔克一家人获得永恒生命的秘密——只要饮用不老泉的水，便能长生不老。在这个过程中，温妮经历了被跟踪、遭"绑架"等一系列事件，也见证了坏人企图利用不老泉的秘密谋取私利的丑恶行径。而塔克一家，虽拥有永生，却承受着妻离子散、颠沛流离的痛苦。最终，温妮选择遵循自然规律，放弃饮用不老泉水，平静地度过一生并保守这个秘密。这本书以奇幻的故事为外衣，深入探讨了生命的意义与价值，为学生提供了思考生命的独特视角。它启示学生要珍惜当下，明白生命的精彩在于体验人生每个阶段的不同经历和感受，是对学生进行生命教育的优质范本，有助于学生在阅读中获得心灵的滋养，形成正确的生命观。

二、学情分析

五年级学生正处于身心快速发展的时期，他们对生命的认识还存在一定的局限性。虽然他们在生活中已经经历了一些成长的变化，但对于生命的本质、生命的意义和生命的价值等深层次问题，还缺乏客观、全面、深入的理解。在面对生命中的生老病死等自然现象时，部分学生可能会感到恐惧、迷茫，不知道该如何正确看待。在阅读《不老泉》时，学生只看到故事表面的情节，难以深入挖掘故事背后所蕴含的生命哲理，需要教师进一步组织学生进行交流分享，鼓励学生透过故事内容，联系生活实际，从不同角度思考问题，从而感悟人生的意义和价值，帮助他们形成正确的生命观和价值观。

三、教学目标

1. 对书中的内容进行全面回顾，对书中人物有自己的评价和看法。

2. 引导学生利用多种途径汇报阅读收获，与同学、老师分享自己阅读的快乐。

3. 知道人生的每一个阶段都会有不同经历和感受，体会人生的精彩和珍贵，懂得珍爱自己的生命。

◆ 教学重、难点

乐于与他人分享自己的读书感悟和乐趣，对故事内容和人物形象有自己的看法。体会主人公温妮的决定是最好的选择，懂得遵循自然规律才能使生命平凡而有价值。初步感知生命的意义，热爱自己的生活、珍爱自己的生命。

四、教学准备

在《不老泉》一书的导读课上运用"预测阅读"的策略，调动学生已有的阅读经验和生活经验，引发学生的深度思考，激发阅读兴趣。同时，也为后期持续阅读完整本书做好了铺垫。通过师生共读，学生掌握多种阅读方法，尝试多元化阅读、多角度思考，为交流分享做好充分准备。

五、教学过程

（一）梳理情节，感知主要内容

1. 揭示交流主题。

出示书的封底处《纽约时报》《芝加哥太阳报》关于《不老泉》一书的评价。评价如下：

一部惊悚而美丽的小说，读来放不下，放下忘不了。

——《纽约时报》

轻巧地触碰严肃的题旨，让这个故事像喝过神奇泉水的塔克这家人一样永恒不老。

——《芝加哥太阳报》

师：同学们，我们已经一起读完了《不老泉》。这是《纽约时报》和《芝加哥太阳报》对《不老泉》一书的评价。请你自己读一读。读了评价，你有什么感受？

生：我觉得《纽约时报》和《芝加哥太阳报》对《不老泉》这本书评价特别好。

师：是啊，好书的魅力经久不衰。读了这本书给你带来了怎样的启发？这节课我们也来聊一聊。

2. 整体感知内容。

出示电影中截取的情节图。

师：我们先来回顾这本书的内容。老师这里有几幅图，看一看每幅图讲了哪个情节？

生：塔克一家误饮不老泉水，获得永生。

生：温妮无意中发现了塔克一家长生不老的秘密。

生：塔克讲述永生的痛苦，告诫温妮不要喝下泉水。

生:黄西装知道了不老泉的秘密,想借此大发横财,并挟持温妮,梅用猎枪将他打死。梅被警察抓走,判了死刑。

生:由于害怕不老泉的秘密被世人所知,温妮帮助杰西救出了梅。塔克一家趁夜色逃走,杰西希望温妮 17 岁时喝下泉水,与杰西结婚。

生:温妮最终选择顺应生命的规律,度过了她平凡、幸福的一生。她至死保守着不老泉的秘密。

师:我们把这些情节串联起来,回顾这本书的主要内容。

指名学生连起来说说书的主要内容。

【设计意图】通过展示电影中截取的情节图,引导学生描述对应情节,再串联情节复述主要内容。这不仅能有效唤起学生的阅读记忆,巩固对整本书故事架构的理解,还能锻炼学生的观察能力、语言表达能力和概括能力,为后续深入探讨书籍主题奠定基础。

(二)想象画面,体会生活美好

出示电影片段。

师:塔克一家在没有喝下不老泉水时的生活是怎样的?

生:他们生活得特别幸福。

生:他们在一起唱歌、跳舞。

生:他们一家人在一起吃饭,梅会做很多美味的食物。

生:迈尔斯和他的妻子生活得很幸福,他们还有可爱的孩子。

师:请你继续想象,塔克一家原来的生活是什么样的?

生:他们生活在寂静的田园里。一家人相亲相爱,幸福地生活在一起。

师:他们可能在一起做些什么?

生:每到周末,他们都会邀请自己的好友、邻居到家里来聚会。

生:迈尔斯和妻子非常恩爱,他们有一对可爱的儿女。塔克和梅非常喜欢自己的孙子和孙女,经常带着两个孩子在湖里钓鱼,在草地上奔跑。

生:杰西经常跟他的侄子和侄女一起捉迷藏、放风筝。

【设计意图】引导学生想象塔克一家未饮用不老泉水时的幸福生活场景，与他们之后因永生而陷入的困境形成鲜明对比。此环节旨在让学生通过对比，更深刻地体会到平凡生活中家人、朋友陪伴在旁的珍贵，从情感体验上引导学生感受幸福的真谛，为理解永生带来的弊端和生命的真正意义埋下伏笔。

（三）创设情境，品味生命价值

出示塔克和温妮在小船上谈话的照片。

师：是呀，他们一家人的生活多么幸福啊！如果能一直这样幸福下去，那就好了。你们看看图片上是谁？

生：是塔克和温妮。

师：请你打开书，再次回顾他们谈话的内容。想一想塔克想让温妮明白什么？

生：塔克不想让温妮喝下不老泉的水。

生：塔克想让温妮知道长生不老特别痛苦。

生：塔克不想让温妮把不老泉的秘密说出去。

生：塔克想让温妮懂得，正常的生老病死是一件多么幸福的事情，一定不要喝下不老泉的水。

师：除了杰西以外，塔克一家人都不想让温妮喝下不老泉的水。假如你就是塔克、梅或者迈尔斯其中的一个人，你会怎样劝说温妮，阻止她喝下泉水？

教师扮演温妮与学生进行真实的交际。

生：假如我是迈尔斯，我会对温妮说："就是因为喝了不老泉的水，我的妻子认为我是怪物，离开了我，并把孩子也带走了。我再也没见过他们。"

师：你思念他们吗？

生：我每天特别想他们。

师：你每天怎么度过？

生：我每天东躲西藏，有时经常一个人发呆一整天，我觉得特别孤独。每天都生活在思念中。

师：我听出了你的痛苦。

生：假如我是梅，我会对温妮说："我们一家人生活在偏僻的地方，我们不敢交朋友，害怕不老泉的秘密被别人知道。你想想，如果没有朋友，生活多无聊啊！你千万不要喝不老泉的水。"

师：为什么不能让别人知道不老泉的秘密呢？如果大家都喝了不老泉水，一起永生，这样就不会孤独了呀。

生：那样可不行。坏人会想办法从中牟利，这样我们就会陷入危险中。

师：是这样啊！你说的真有道理。

生：假如我是塔克，我会对温妮说："我们一家人每过十年就要搬一次家。我们不敢跟亲人有任何联系。这样过日子，即使长生不老，又有什么意义呢？"

师：是啊，那样生活真的是没有任何意义了。同学们，你们还记不记得在《不老泉》一书的导读课上，我们做过一个假设。假如让你喝下不老泉的水，长生不老，你愿不愿意？我记得当时你们都愿意喝下泉水。此时此刻，你的想法和当初还一样吗？你现在还愿意喝下不老泉的水吗？

生：我不想喝了。

师：能说说理由吗？

生：因为喝下泉水之后，虽然会长生不老，但是你就得经常搬家，不能在一个地方住得太久，也不能跟别人成为朋友。

生：假如在学校里上学，也不能跟同学在一起玩，那样肯定很没意思。

生：我觉得如果喝了泉水长生不老的话，家人、朋友在变老，他们终会离开我们。假如家人也喝了泉水，虽然一家人能在一起，但是每天东躲西藏，这样的生活是没有意义的。

师：是呀，如果那样的话，孤独和痛苦会永远陪伴着我们，真是不敢想象。

【设计意图】创设塔克、梅、迈尔斯劝说温妮的真实交际情境，让学生换位体验，深入理解永生带来的孤独、痛苦和生命意义的缺失。同时，对比导读课上学生对永生的态度变化，直观展现学生思维和认知的发展。这有助于学生从内心深处认同正常生命轨迹的价值，培养学生正确的生命价值观，引导学生思考如何让生命更有意义。

（四）化身主人公，感悟人生意义

师：温妮最终没有喝下泉水，她选择顺其自然，平淡地走完自己的一生。想象一下，当温妮年老，她的生命快要走到终点。此时，她又回忆起了塔克一家人，以及曾经让自己心动的男孩杰西。她写下了一封信留给杰西。假如你是年老后的温妮，你会给杰西写下怎样的信来讲述你与杰西分别后自己这一生的生活以及人生的感受呢？

学生自主书写，随后交流汇报。

生：亲爱的杰西：你好！你还记得我吗？我是温妮，你还是那个 17 岁的少年吧，我已经 80 岁了。对不起，我没有喝不老泉的水，因为我不想失去亲人和朋友，我也不想过那种颠沛流离的生活。我这一生过得很幸福。长大以后，我成为一名老师。结婚后有了两个孩子，我陪孩子们长大，感到很快乐。现在我有了孙子和孙女，我不后悔当初没有喝下泉水。我很想念你们一家人，请你替我向大家问好。

师：同学们，你们的想法跟他一样吗？

生：一样。

师：看来你们真正读懂了温妮。我相信书中的温妮一定跟你的想法一样，没有后悔当初的选择。

【设计意图】让学生化身年老后的温妮写信给杰西，分享一生的生活和感受，促使学生与主人公深度共情。通过写作与交流，学生能更加真切地体会温妮选择背后的思考，深刻理解遵循生命规律、经历完整人生的价值。这一过程能有效培养学生的同理心和对生命意义的深度思考能力，让学生在创作中感悟生命的真谛。

（五）撰写推荐语，分享读书快乐

再次出示书的封底《纽约时报》和《芝加哥太阳报》关于《不老泉》一书的评价。

师：读了这本书，你已经体会到了生命的价值与意义。如果让你把这本书推荐给更多的人去读,请你写一句推荐语。

学生自主书写,随后交流汇报。

生:《不老泉》藏着巨大的秘密。读完后,你一定会对生命和成长有好多新想法。

生:这是一本神奇的书,就像带你进行一场神秘的旅行一样!

生:你想知道永远不会长大是什么样的吗?那就来读《不老泉》吧!温妮在森林里的奇妙经历,会让你又好奇又感动。这本书就像一把钥匙,打开了我对生命思考的大门,相信你也会喜欢!

师:从你们写出的推荐语中,我再次感受到你们对这本书的喜爱,对内容的认可,以及读后心灵的震撼。通过这次活动,我相信你们对生命有了全新的认识,一定会更加热爱生命,让自己的生命更有价值。下一阶段的读书任务就是阅读《马提与祖父》一书,读后我们继续交流有关生命的话题。

【设计意图】鼓励学生撰写推荐语并分享,不仅能检验学生对《不老泉》的理解和感悟程度,培养学生的书面表达和口头表达能力,还能激发学生分享阅读的热情,营造良好的阅读氛围。推荐《马提与祖父》,旨在引导学生延续对生命主题的探索,拓宽阅读视野,在不同的故事中深化对生命规律和价值的理解,持续提升学生的阅读素养和生命认知。

六、板书设计

不老泉

生命

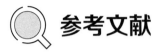
参考文献

[1] 中华人民共和国教育部 . 义务教育语文课程标准（2022 年版）[S]. 北京：北京师范大学出版社,2022.

[2] 吴欣歆,管贤强,陈晓波主编 . 新版课程标准解析与教学指导 [M]. 北京：北京师范大学出版社,2022.

[3] 课程教材研究所组织编写；义务教育语文课程标准修订组编写；郑国民,李宇明主编 . 义务教育语文课程标准（2022 年版）解读 [M]. 北京：北京师范大学出版社,2022.

[4] 李怀源 . 由叶圣陶"读整本书"思想谈小学整本书阅读 [J]. 课程 . 教材 . 教法,2009（04）.

[5] 李黎明,辛红 . 小学教师指导学生整本书阅读的现状及对策 [J]. 教育实践与研究（A）,2015（10）.

[6] 苏立康 . 整本书阅读：一个值得关注的热点问题——读《书册阅读教学现场》[J]. 人民教育,2016（24）.

[7] 曹媛 . 关注读写平衡价值取向 [J]. 七彩语文（教师论坛）,2020（11）.

[8] 孙云 . 小学语文读写一体化教学实践探讨 [J]. 中华少年,2019,9（17）.

[9] 雷雯菲 . 基于单元的小学语文读写一体化教学设计研究 [D]. 华中师范大学教育学院,2020.

[10] 申小艳 任明满 . 基于学习进阶促进学生语言与思维协同发展——以"统编版"小学语文教材《蜘蛛开店》教学为例 [J]. 新课程研究,2023（07）.

[11] 米晓波,陈永杰,魏小娜 . 小学语文理性思维能力发展例谈 [J]. 小学教

学研究,2023（22）.

[12] 梁晶 . 思维可视化工具提升小学生语文阅读思维的应用探析 [J]. 当代教研论丛,2023（12）.

[13] 张俊 . 小学文言文思维教学策略探究——以《王戎不取道旁李》为例 [J]. 语文教学通讯,2023（08）.

[14] 杨向东 . 素养导向嵌入式评价系统的设计与实施 [J]. 中国考试，2025（1）: 1-16.

 **后 记**

当我为《语文的温度：这样教，更动人》一书画上最后一个句号时，二十载的语文教学生涯如潮水般在眼前翻涌。这本书，是我教育旅程的见证，收录了我的部分论文，更多的是精心整理的课堂实录，每一页都承载着我对语文课堂深深的眷恋与执着的追求。

我的教育梦想，萌芽于高中那段紧张又充满希望的时光。高考前夕，老师让我们写下理想院校和未来职业，我毫不犹豫地写下了天津师范大学，立志成为一名语文教师。那时候，我就被语文的魅力深深吸引，字词间的韵味、篇章里的乾坤，都让我沉醉其中。我渴望有一天，能站在讲台上，将这份热爱传递给更多的孩子。

时光不负有心人，我如愿踏入了天津师范大学的校门，毕业后也顺利成为一名小学语文老师。从踏上讲台的那一刻起，我便知自己肩负的责任。二十年来，我在这一方小小的课堂天地里精心耕耘，努力为孩子们打开语文世界的大门。

每一堂课，我都当作是一次与学生心灵对话的契机，是一场知识与情感的盛宴。我用心打磨每一个教学环节，从备课、授课到课后反思，不放过任何一个细节。课堂实录里的每一段文字，都是我和学生们共同成长的足迹，那些热烈的讨论、专注的眼神、精彩的发言，都是我最珍贵的回忆。

在这漫长的教育岁月里，我也遭遇过许多挑战。教学方法的创新、学生个体的差异、教育理念的更新，都曾让我陷入迷茫与困惑。但每一次，我都凭借对语文教学的热爱，努力克服困难，不断探索前行。因为我坚信，只要心中有热爱，就没有跨不过的坎。

如今，看着这本凝聚着心血的书，心中满是感慨。它不仅是我个人教育成果的总结，更是我对语文教学的一次深情告白。我愿永远扎根在语文课堂这片肥沃的土地上，用知识、热情和耐心，陪伴一届又一届的学生在语文的海洋里遨游。

感谢每一位在我教育生涯中给予我帮助和支持的领导、同事、家长，更要感谢那些可爱的学生们，是你们让我的教育之路充满温暖与希望。未来，我将继续怀揣着对语文教学的初心，砥砺前行，书写更多精彩的教育篇章。

刘　群

2025 年 3 月